JN038664

	月 日
とくてん	
	点（てん）

1 アルファベットは，AからZまで全部（ぜんぶ）で26文字（もじ）あります。大文字（おおもじ）の①から順（じゅん）にCDを聞（き）いて，あとについて言（い）ってみましょう。【10点（てん）】

① A ② B ③ C ④ D ⑤ E ⑥ F ⑦ G ⑧ H ⑨ I ⑩ J ⑪ K

⑫ L ⑬ M ⑭ N ⑮ O ⑯ P ⑰ Q ⑱ R ⑲ S ⑳ T ㉑ U ㉒ V

㉓ W ㉔ X ㉕ Y ㉖ Z

※アルファベットの形（かたち）は，例（たと）えばGであれば右（みぎ）のように本（ほん）によって少（すこ）し異（こと）なることがあります。 G G G

2 声（こえ）に出（だ）して大文字（おおもじ）を読（よ）みながらなぞったあと，1回（かい）ずつ書（か）きましょう。【26点（てん）】

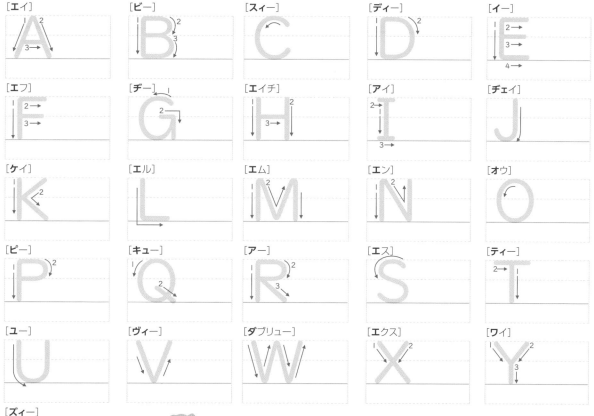

[エイ] A　[ビー] B　[スィー] C　[ディー] D　[イー] E

[エフ] F　[ヂー] G　[エイチ] H　[アイ] I　[ヂェイ] J

[ケイ] K　[エル] L　[エム] M　[エン] N　[オウ] O

[ピー] P　[キュー] Q　[アー] R　[エス] S　[ティー] T

[ユー] U　[ヴィー] V　[ダブリュー] W　[エクス] X　[ワイ] Y

[ズィー] Z

アルファベットの書（か）き順（じゅん）は１つに決（き）まっているわけではありません。例（たと）えば，Eには $E^{\frac{2}{3}}_{\frac{4}{4}}$ のほかに $E^{\frac{4}{2}}_{\frac{3}{5}}$ $E^{\frac{4}{2}}_{\frac{3}{5}}$ などの書（か）き順（じゅん）があります。正（ただ）しい形（かたち）で書（か）くことができれば，書（か）き順（じゅん）はあまり気（き）にする必要（ひつよう）はありません。

3 読まれたアルファベットに合うほうを選び，〇で囲みましょう。

1つ5【20点】 ♪②

① H A ② Z J
③ O G ④ Y I

4 アルファベットを正しい順番になるように並べかえて，4線に書きましょう。

1つ6【24点】

① C A E B D ➡
② H G I J K ➡
③ T Q R P S ➡
④ Y V U W X ➡

5 アルファベットの順番になるように，①〜④の□に当てはまるアルファベットを書き入れましょう。

1つ5【20点】

① E □ G □ I ② K L □ □ O
③ P □ R □ T ④ V □ X Y □

アルファベットの復習
小文字

1 アルファベットには小文字もあり，全部で26文字です。小文字の①から順にCDを聞いて，あとについて言ってみましょう。　【10点】

吹き出し：大文字も小文字も読み方は同じです。もう一度，確かめましょう。

2 声に出して小文字を読みながらなぞったあと，1回ずつ書きましょう。【26点】

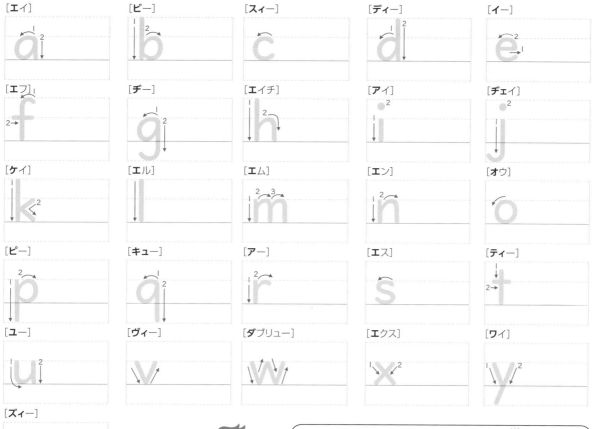

[エイ]　[ビー]　[スィー]　[ディー]　[イー]

[エフ]　[ヂー]　[エイチ]　[アイ]　[ヂェイ]

[ケイ]　[エル]　[エム]　[エン]　[オウ]

[ピー]　[キュー]　[アー]　[エス]　[ティー]

[ユー]　[ヴィー]　[ダブリュー]　[エクス]　[ワイ]

[ズィー]

吹き出し：A→a, G→g, Q→qなどのように，大文字とは形が大きくちがうものもあります。また，小文字は，いちばん下の線まで使うものもあります。お手本をよく見て書きましょう。

3 アルファベットが3つずつ読まれます。読まれた順序と合うものを選んで，▭で囲みましょう。

1つ4【12点】 ④

① 　g d b 　　 b d g 　　 d b g

② 　q t p 　　 t p q 　　 p q t

③ 　a k j 　　 j a k 　　 k j a

4 ア〜カの中から大文字と小文字の組み合わせが正しいものを3つ選んで，記号を〇で囲みましょう。

1つ4【12点】

ア A a 　 イ G j 　 ウ D d

エ P q 　 オ T t 　 カ Z s

5 アルファベットの順番になるように，①〜⑤の□に当てはまるアルファベットを書き入れましょう。

1つ8【40点】

① a ▭ ▭ ▭ e 　　② g h ▭ ▭

③ k ▭ m ▭ ▭ 　　④ ▭ q ▭ t

⑤ u ▭ ▭ x y ▭

答え ▶ 83ページ

3 野菜（やさい）

1 ①から順（じゅん）にCDを聞（き）いて，あとについて言（い）ってみましょう。　【10点（てん）】 **5**

① corn

② onion

③ carrot

⑥ cabbage

④ tomato

⑤ potato

2 声（こえ）に出（だ）して読（よ）みながらなぞったあと，数回（すうかい）書（か）きましょう。　1つ5【30点】

① とうもろこし［コーン］

corn

② たまねぎ［アニョン］┌ i は上（うえ）の点（てん）を忘（わす）れないようにしましょう。

onion

③ にんじん［キャロト］┌ r は2つです。

carrot

④ トマト［トメイトウ］

tomato

⑤ じゃがいも［ポテイトウ］┌ p は4番目（ばんめ）の線（せん）につくように書（か）きましょう。

potato

⑥ キャベツ［キャベヂ］┌ b は1番目（ばんめ）の線（せん）に，g は4番目（ばんめ）の線（せん）につくように書（か）きましょう。

cabbage

5

「野菜」の発音と書き方を確かめましょう。

3はCDを聞いて，問題に答えましょう。

3 読まれた単語に合う絵を下のア〜エから選んで，記号を書きましょう。

♪**6**

1つ5【20点】

① (　　　)　② (　　　)　③ (　　　)　④ (　　　)

ア　　　　　イ　　　　　ウ　　　　　エ

4 日本語に合う英語を右から選んで，線でつなぎましょう。　　1つ4【16点】

① トマト　　　　　　　　　　　carrot

② にんじん　　　　　　　　　　cabbage

③ キャベツ　　　　　　　　　　tomato

④ じゃがいも　　　　　　　　　potato

5 日本語を英語にしましょう。①と②は，□に当てはまるアルファベット
を書きましょう。

1つ8【24点】

① たまねぎ　o □ □ n

② トマト　t □ m □ □ o

③ とうもろこし

④ 果物（くだもの）

1 ①から順（じゅん）にCDを聞（き）いて，あとについて言（い）ってみましょう。　【10点（てん）】

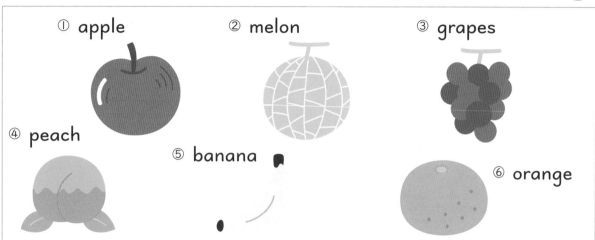

① apple
② melon
③ grapes
④ peach
⑤ banana
⑥ orange

2 声（こえ）に出（だ）して読（よ）みながらなぞったあと，数回（すうかいか）書（か）きましょう。　1つ5【30点】

① りんご［**エァポウ**］┌ p は 2 つです。

apple

② メロン［**メロン**］

melon

③ ぶどう［グレイプス］┌ g と p は 4 番目（ばんめ）の線（せん）につくように書（か）きましょう。

grapes

④ もも［**ピーチ**］┌ h は 1 番目の線から書き始（はじ）めましょう。

peach

⑤ バナナ［バナナ］　　　　　　　　　　　　　　強（つよ）く言（い）うところに気（き）をつけましょう。

banana

⑥ オレンジ［**オーレンヂ**］

orange

「果物」の発音と書き方を確かめましょう。

3はCDを聞いて，問題に答えましょう。

3 読まれた単語に合う絵をアとイからそれぞれ選んで，記号を○で囲みましょう。

1つ6【18点】

① （ ア イ ） ② （ ア イ ） ③ （ ア イ ）

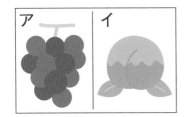 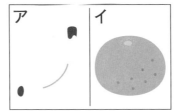 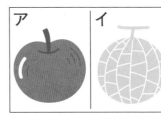

4 （例）にならって，①～④の絵に合う単語を縦または横で探して，□で囲みましょう。

1つ6【24点】

（例）

①

③

（例）

o	g	o	n	g	o	n	o
r	e	b	v	r	z	p	n
a	b	a	n	a	n	a	i
n	p	a	p	p	l	e	o
g	i	o	n	e	o	c	n
e	q	x	r	s	m	g	e

②

④

5 日本語を英語にしましょう。[　]のアルファベットを使いましょう。

1つ6【18点】

① もも ＿＿＿＿＿＿＿＿　[p, h, c, e, a]

② ぶどう ＿＿＿＿＿＿＿＿　[a, p, s, g, r, e]

③ メロン ＿＿＿＿＿＿＿＿　[l, m, n, o, e]

答え ▶ 83ページ

5 食べ物 ①

1 ①から順にCDを聞いて，あとについて言ってみましょう。【10点】🎵 **9**

① egg

② jam

③ rice

④ soup

⑤ bread

⑥ salad

2 声に出して読みながらなぞったあと，数回書きましょう。 1つ5【30点】

① 卵 [**エ**ッグ]

egg

② ジャム [**ヂ**ャム] ┌─ jは上の点を忘れないようにしましょう。

jam

③ ご飯，米 [**ラ**イス] [ラ]は舌の先を少し後ろにそらして言いましょう。

rice

④ スープ [**ス**ープ]

soup

⑤ パン [**ブ**レッド] ┌─ aを忘れやすいので注意しましょう。

bread

⑥ サラダ [**セァ**ラド]

salad

「食べ物 ①」の発音と書き方を確かめましょう。

3 はCDを聞いて，問題に答えましょう。

3 それぞれの絵について，アとイの単語が読まれます。絵に合うほうを選んで，記号を○で囲みましょう。 1つ6【18点】 **10**

① (ア　イ) ② (ア　イ) ③ (ア　イ)

4 絵に合う単語を右の ⬚ の中から選んで，4線に書きましょう。1つ6【12点】

①

②

```
rice
soup
bread
```

5 [タテのカギ] と [ヨコのカギ] をヒントに，□にアルファベットを書いて，パズルを完成させましょう。 1つ2【16点】

s　⑦　⑧　p

②

③　　⑤

a

c　　　a

①　r　e　④　⑥

タテのカギ
ご飯・米, サラダ

ヨコのカギ
スープ, パン

6 日本語を英語にしましょう。 1つ7【14点】

① 卵

② ジャム

10

答え ▶ 84ページ

6 食べ物 ②

1 ①から順にCDを聞いて，あとについて言ってみましょう。 【10点】

① pizza　　　② steak　　　③ omelet

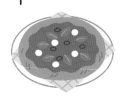　　

④ sandwich　　⑤ spaghetti　　⑥ hamburger

2 声に出して読みながらなぞったあと，数回書きましょう。 1つ5【30点】

① ピザ [ピーツァ]　└ z は 2 つです。

pizza

② ステーキ [ステイク]　└ t は 1 番目の線にはつきません。　　[ステーキ]と日本語式に発音しないようにしましょう。

steak

③ オムレツ [アムリト]

omelet

④ サンドイッチ [セァンドゥウィチ]　　　　　　　[ドゥ]は発音しないこともあります。

sandwich

⑤ スパゲッティ [スパゲティ]　└ h を忘れないように注意しましょう。

spaghetti

⑥ ハンバーガー [ヘァンバ〜ガァ]　└ n ではなくて，m です。

hamburger

3 読まれた単語に合う絵を下のア〜エから選んで，記号を書きましょう。 🎵**12**

1つ7【28点】

① (　　　　) ② (　　　　) ③ (　　　　) ④ (　　　　)

ア　　　　　　　イ　　　　　　　ウ　　　　　　　エ

4 ［タテのカギ］と［ヨコのカギ］をヒントに，□にアルファベットを書いて，パズルを完成させましょう。

1つ2【14点】

```
      s
      ①
    s e          ④
s p ② g  ③ ⑤ m t t ⑥ p
    k        l       z
            e      ⑦
            t       a
```

タテのカギ
ステーキ，オムレツ
ピザ
ヨコのカギ
スパゲッティ

5 日本語を英語にしましょう。①と②は，□に当てはまるアルファベットを書きましょう。

1つ6【18点】

① サンドイッチ　s □ nd □ ic □

② ハンバーガー　h □ b □ rg □ r

③ ピザ

答え ▶ 84ページ

7 飲み物・デザート

1 ①から順にCDを聞いて，あとについて言ってみましょう。　【10点】 **13**

① tea　　　② milk　　　③ juice

④ cake　　　⑤ yogurt　　　⑥ ice cream

2 声に出して読みながらなぞったあと，数回書きましょう。　1つ5【30点】

① 紅茶，お茶 [ティー]

tea

② 牛乳 [ミルク]

milk

③ ジュース [ヂュース] ── jとiは上の点を忘れないようにしましょう。

juice

④ ケーキ [ケイク]　　　　　　　　　「ケーキ」と発音しないように注意しましょう。

cake

⑤ ヨーグルト [ヨウガト]　　　　[ヨーグルト]と日本語式に発音しないようにしましょう。

yogurt

⑥ アイスクリーム [アイス クリーム] ── 間を空けて書きます。

ice cream

「飲み物・デザート」の発音と書き方を確かめましょう。

3 はCDを聞いて，問題に答えましょう。

3 それぞれの絵について，アとイの単語が読まれます。絵に合うほうを
選んで，記号を○で囲みましょう。 1つ5【15点】 ♪14

① （ ア イ ）　　② （ ア イ ）　　③ （ ア イ ）

4 （例）にならって，①～④の絵に合う単語を縦または横で探して，□で
囲みましょう。 1つ5【20点】

（例）

s	c	a	k	e	t	e
o	s	t	y	o	e	t
u	b	j	u	i	c	e
p	u	a	u	t	q	a
v	j	o	m	i	l	k

①　　　　　　　　　　　　　　　　②

③　　　　　　　　　　　　　　　　④

5 日本語に合う英語を右から選んで，線でつなぎましょう。 1つ5【15点】

① アイスクリーム　　　　　　　　　　tea

② 紅茶，お茶　　　　　　　　　　　　cake

③ ケーキ　　　　　　　　　　　　　　ice cream

6 日本語を英語にしましょう。[　　]のアルファベットを使いましょう。

1つ5【10点】

① 牛乳 [l, i, k, m]　　　② ヨーグルト [g, u, y, t, o, r]

答え ▶ 84ページ

1 あるグループ名が日本語で読まれたあと，ア，イ，ウの3つの単語が読まれます。この中からグループの仲間ではない単語を1つ選んで，記号を○で囲みましょう。　　　　　　　1つ4【12点】

① (ア　イ　ウ)　　　　② (ア　イ　ウ)

③ (ア　イ　ウ)

2 読まれた単語に合う絵をアとイからそれぞれ選んで，記号を○で囲みましょう。　　　　　　　1つ4【16点】

① (ア　イ)　　　　　　② (ア　イ)

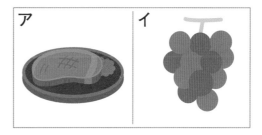

③ (ア　イ)　　　　　　④ (ア　イ)

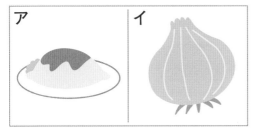
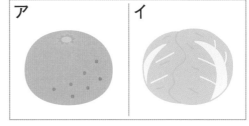

3 読まれたほうの単語を選んで，4線に書きましょう。　　1つ4【12点】

① salad　sandwich

② rice　ice cream

③ bread　peach

4 絵に合う英語を右から選んで，線でつなぎましょう。　　　1つ4【12点】

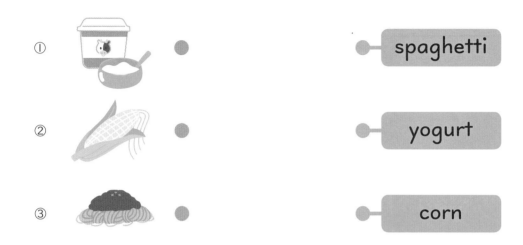

① — spaghetti

② — yogurt

③ — corn

5 空いている□にアルファベットを書いて，①〜④の日本語を英語にしましょう。そして，□にできた単語を4線に書きましょう。　　1つ6【30点】

① ジュース　　j u □ e

② バナナ　　b □ n n

③ 牛乳　　m i □

④ オムレツ　　o □ e l

⑤ □にできた単語

6 絵に合う単語を英語で書きましょう。　　　1つ6【18点】

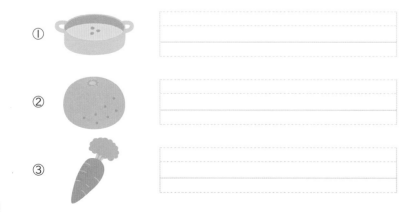

①

②

③

答え ▶ 85ページ

月　日
とくてん

点

1 ①から順にCDを聞いて，あとについて言ってみましょう。 【10点】 18

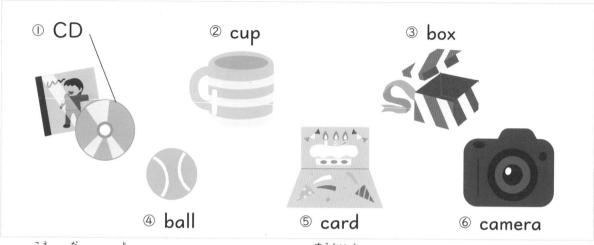

① CD
② cup
③ box
④ ball
⑤ card
⑥ camera

2 声に出して読みながらなぞったあと，数回書きましょう。 1つ5【30点】

① CD ［スィーディー］ ← 大文字で書きます。

CD

② カップ ［カップ］ ← a ではなくて，u です。

cup

③ 箱 ［バックス］

box

④ ボール ［ボール］

ball

⑤ カード ［カード］ ← d を b としないように注意しましょう。

card

⑥ カメラ ［キャメラ］

camera

3 それぞれの絵について，アとイの単語が読まれます。絵に合うほうを
選んで，記号を〇で囲みましょう。　　　　　　　　　　　1つ4【12点】　♪**19**

① （ ア　　イ ）　　　　② （ ア　　イ ）　　　　③ （ ア　　イ ）

4 日本語に合う単語を右の ◯◯ の中から選んで，4線に書きましょう。

1つ7【14点】

① カップ

② カメラ

box

camera

cup

5 （例）にならって，①〜④の絵に合う単語を縦または横で探して，◯◯ で
囲みましょう。　　　　　　　　　　　　　　　　　　　　1つ5【20点】

（例）

①

③

t	b	o	x	o	O	D	f
C	j	a	m	b	z	k	e
D	v	c	a	m	e	r	a
p	c	u	m	e	r	a	e
C	Q	p	c	u	q	g	r

②

④

6 日本語を英語にしましょう。　　　　　　　　　　　　　1つ7【14点】

① ボール　　　　　　　　　　　　② カード

答え ▶ 85ページ

身の回りのもの ②

1 ①から順にCDを聞いて，あとについて言ってみましょう。 【10点】 **20**

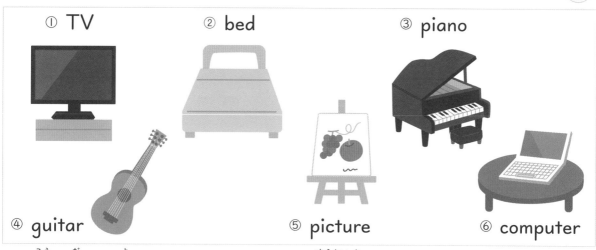

① TV　　② bed　　③ piano

④ guitar　　⑤ picture　　⑥ computer

2 声に出して読みながらなぞったあと，数回書きましょう。 1つ5【30点】

① テレビ［**ティーヴィー**］┌大文字で書きます。

TV

② ベッド［ベッド］┌bとdの丸の向きのちがいに注意して書きましょう。

bed

③ ピアノ［ピアノウ］

piano

④ ギター［ギター］┌uを忘れないようにしましょう。

guitar

⑤ 絵，写真［ピクチァ］

picture

⑥ コンピューター［コンピュータァ］

computer

「身の回りのもの ②」の発音と書き方を確かめましょう。

3はCDを聞いて，問題に答えましょう。

3 読まれた単語に合う絵を下のア〜エから選んで，記号を書きましょう。

1つ7【28点】 🎵**21**

① (   )   ② (   )   ③ (   )   ④ (   )

ア   イ   ウ   エ

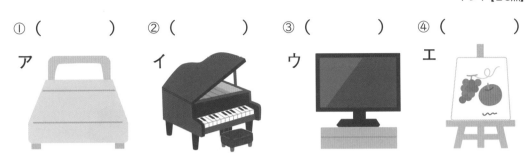

4 ［タテのカギ］と［ヨコのカギ］をヒントに，□にアルファベットを書いて，パズルを完成させましょう。

1つ2【14点】

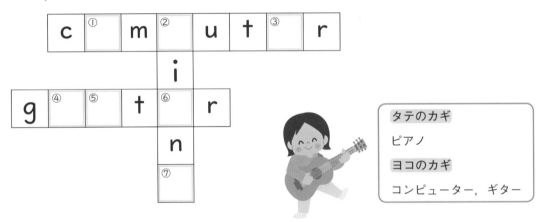

| c | ① | m | ② | u | t | ③ | r |

i

| g | ④ | ⑤ | t | ⑥ | r |

n

⑦

タテのカギ
ピアノ
ヨコのカギ
コンピューター，ギター

5 日本語を英語にしましょう。③は，□に当てはまるアルファベットを書きましょう。

1つ6【18点】

① テレビ

② ベッド

③ 絵，写真   **pi** □ **t** □ **r** □

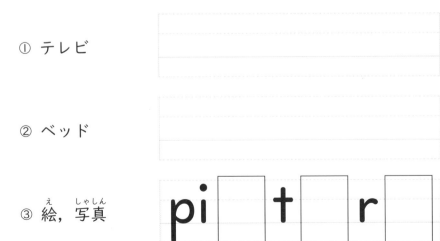

答え ▶ 86ページ

⑩ 文ぼう具

1 ①から順にCDを聞いて，あとについて言ってみましょう。　【10点】 **22**

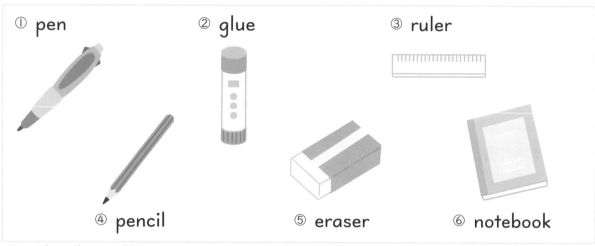

① pen　　② glue　　③ ruler

④ pencil　　⑤ eraser　　⑥ notebook

2 声に出して読みながらなぞったあと，数回書きましょう。　1つ5【30点】

① ペン [ペン]

pen

② のり [グルー] ┌─ 最後の e を忘れないようにしましょう。

glue

③ 定規 [ルーラァ] ┌─ u を v としないように気をつけましょう。

ruler

④ えんぴつ [ペンスル]

pencil

⑤ 消しゴム [イレイサァ]　　[イレイザァ]とにごる言い方もあります。

eraser

⑥ ノート [ノウトゥブク] ┌─ o は 2 つです。　初めの部分の発音は，[ノー]ではなくて，[ノウ]です。

notebook

「文ぼう具」の発音と書き方を確かめましょう。

3はCDを聞いて，問題に答えましょう。

3 読まれた単語に合う絵をアとイからそれぞれ選んで，記号を○で囲みましょう。 1つ5【15点】

① （ ア イ ） ② （ ア イ ） ③ （ ア イ ）

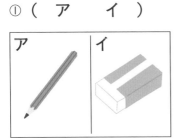 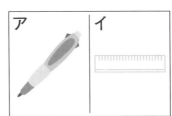 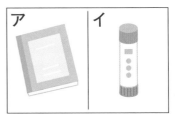

4 日本語に合う英語を右から選んで，線でつなぎましょう。 1つ5【15点】

① ノート
② 消しゴム
③ ペン

eraser
notebook
pen

5 絵に合う単語を右の　の中から選んで，4線に書きましょう。 1つ8【16点】

①

②
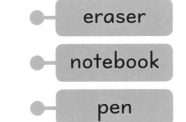

ruler
notebook
eraser

6 ［タテのカギ］と［ヨコのカギ］をヒントに，□にアルファベットを書いて，パズルを完成させましょう。 1つ2【14点】

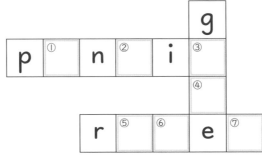

| タテのカギ |
| のり |
| ヨコのカギ |
| えんぴつ，定規 |

答え ▶ 86ページ

11 学校（がっこう）

1 ①から順（じゅん）にCDを聞（き）いて，あとについて言（い）ってみましょう。　【10点（てん）】 **24**

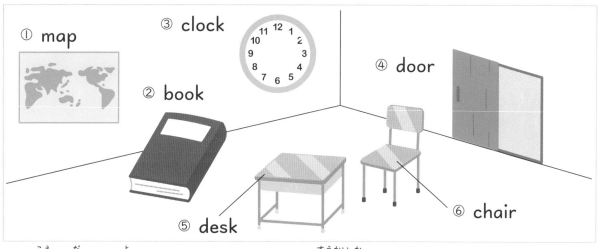

① map
② book
③ clock
④ door
⑤ desk
⑥ chair

2 声（こえ）に出（だ）して読（よ）みながらなぞったあと，数回書（すうかいか）きましょう。　1つ5【30点】

① 地図（ちず）［マップ］── p は 4 番目（ばんめ）の線（せん）につくように書（か）きましょう。

map

② 本（ほん）［ブック］

book

③ 時計（とけい）［クラック］── c を忘（わす）れないようにしましょう。

clock

④ ドア［ドーァ］　　　　　　　　　　　　　　　　　　　　　　　　［ドア］ではなくて，［ドーァ］です。

door

⑤ 机（つくえ）［デスク］

desk

⑥ いす［チェア］── ai のつづりに注意（ちゅうい）しましょう。

chair

23

「学校」の発音と書き方を確かめましょう。

3はCDを聞いて，問題に答えましょう。

3 読まれた単語に合う絵を下のア〜エから選んで，記号を書きましょう。

25

1つ4【16点】

① (　　　　)　② (　　　　)　③ (　　　　)　④ (　　　　)

ア　イ　ウ　エ

4 (例)にならって，①〜④の日本語に合う単語を縦または横で探して，□で囲みましょう。

1つ5【20点】

(例) ペン

① いす
② ドア
③ 時計
④ 本

(例)

c	c	l	o	c	k	b	a
h	d	b	p	e	z	o	p
a	o	a	e	d	o	o	r
r	o	l	n	f	i	k	l
e	c	h	a	i	r	v	e

5 日本語を英語にしましょう。[　　]のアルファベットを使いましょう。

1つ8【24点】

① 地図　　　　　　　　　　　[a, m, p]

② 机　　　　　　　　　　　　[k, d, e, s]

③ いす　　　　　　　　　　　[h, i, c, a, r]

24

答え ▶ 86ページ

12 スポーツ

月　日
とくてん

点

1 ①から順にCDを聞いて，あとについて言ってみましょう。 【10点】 🎵26

① soccer　② tennis　③ swimming

④ baseball　⑤ basketball　⑥ volleyball

2 声に出して読みながらなぞったあと，数回書きましょう。 1つ5【30点】

① サッカー［**サ**カァ］ ┌ c は 2 つです。

soccer

② テニス［**テ**ニス］ ┌ n は 2 つです。

tennis

③ 水泳［ス**ウィ**ミング］ ┌ m は 2 つです。

swimming

④ 野球［**ベ**イスボール］

baseball

⑤ バスケットボール［バス**ケ**トゥボール］

basketball

⑥ バレーボール［**ヴァ**リボール］　［ヴァ］の音は上の歯を下くちびるに当てて言います。

volleyball

25

3 それぞれの絵について，アとイの単語が読まれます。絵に合うほうを
選んで，記号を○で囲みましょう。　　　　　　　　　　1つ6【18点】

① （ ア 　 イ ）　　　　② （ ア 　 イ ）　　　　③ （ ア 　 イ ）

4 日本語に合う英語を右から選んで，線でつなぎましょう。　　1つ7【21点】

① バスケットボール ●　　　　　　　　● baseball

② バレーボール ●　　　　　　　　● volleyball

③ 野球 ●　　　　　　　　● basketball

5 日本語を英語にしましょう。[　　　]のアルファベットを使いましょう。

1つ7【21点】

① テニス

[i, e, n, t, s, n]

② サッカー

[e, c, r, s, c, o]

③ 水泳

[w, i, g, s, m, n, m, i]

13 教科

きょう か

月　　　日
とくてん

点

1 ①から順にCDを聞いて，あとについて言ってみましょう。 【10点】 28

① P.E.　　③ music　　⑤ English

② math

④ science

⑤ English

Hi!

⑥ Japanese

2 声に出して読みながらなぞったあと，数回書きましょう。 1つ5【30点】

① 体育 [ピーイー]　── 大文字で書きます。
たいいく

P.E.

② 算数 [マス]
さんすう

math

③ 音楽 [ミューズィク]
おんがく

music

④ 理科 [サイエンス]　── cを忘れやすいので注意しましょう。
り か

science

⑤ 英語 [イングリシ]　── 大文字で書き始めましょう。
えい ご

English

⑥ 国語，日本語 [ヂャパニーズ]　── 大文字で書き始めましょう。　　　[ヂャパニーズ]の [ニ]を強く言います。
こく ご　に ほん ご

Japanese

27

「教科」の発音と書き方を確かめましょう。

3はCDを聞いて，問題に答えましょう。

3 読まれた単語に合う絵を下のア～エから選んで，記号を書きましょう。

29

1つ6【24点】

① (　　　　) ② (　　　　) ③ (　　　　) ④ (　　　　)

ア　　　　　　イ　　　　　　ウ　　　　　　エ

4 (例)にならって，①～③の絵に合う単語を縦または横で探して，□□で囲みましょう。

1つ6【18点】

(例)

b	a	l	m	o	u	g	z
e	f	j	u	m	a	t	h
d	m	a	s	h	k	r	v
p	s	c	i	e	n	c	e
d	n	p	c	y	g	n	x

(例)

①

③

②

5 日本語を英語にしましょう。①と②は，□に当てはまるアルファベットを書きましょう。

1つ6【18点】

① 英語　　□ n □ lis □

② 国語，日本語　　□ a □ a □ ese

③ 体育

まとめテスト②

1 あるグループ名が日本語で読まれたあと，ア，イ，ウの3つの単語が読まれます。この中からグループの仲間ではない単語を1つ選んで，記号を〇で囲みましょう。　　1つ3【9点】

① （　ア　　イ　　ウ　）　　② （　ア　　イ　　ウ　）

③ （　ア　　イ　　ウ　）

2 それぞれの絵について，アとイの単語が読まれます。絵に合うほうを選んで，記号を〇で囲みましょう。　　1つ4【16点】

① （　ア　　イ　）　　　　② （　ア　　イ　）

③ （　ア　　イ　）　　　　④ （　ア　　イ　）

3 ①～③の3つの単語が読まれます。読まれた単語を右の▢の中から選んで，4線に書きましょう。　　1つ4【12点】

①

②

③

camera
card
science
computer
soccer

4 (例)にならって，①〜④の絵に合う単語を縦または横で探して，◻️で囲みましょう。

1つ5【20点】

(例)

(例)

①

③

t	b	s	d	o	C	D	f	b
J	a	p	a	n	e	s	e	e
T	l	z	T	V	x	o	j	k
B	l	g	u	i	t	a	r	d

②

④

5 空いている◻️にアルファベットを書いて，①〜④の日本語を英語にしましょう。そして，◻️にできた単語を4線に書きましょう。

1つ5【25点】

水泳　| s | w | i | m | m | i | n | g |

① のり　| g | l | | |

② バスケットボール　| b | a | | k | e | t | | | l | l |

③ テニス　| t | e | | | s |

⑤ ◻️にできた単語

④ 時計　| c | l | | |

6 日本語を英語にしましょう。

1つ6【18点】

① ペン

② 本

③ 英語

答え ▶ 87ページ

30

生き物 ①

1 ①から順にCDを聞いて，あとについて言ってみましょう。　【10点】 🎵33

① cat
② pig
③ fish
④ dog
⑤ bird
⑥ horse

2 声に出して読みながらなぞったあと，数回書きましょう。　1つ5【30点】

① ねこ［**キャット**］

cat

② ぶた［**ピッグ**］┌ p は q と書きまちがえないように注意しましょう。

pig

③ 魚［**フィッシ**］┌ f は 1 番目の線につくように書きましょう。

fish

④ 犬［**ドーグ**］　　　　　　　　　　　　　　　　　［ドーグ］と少しのばして言いましょう。

dog

⑤ 鳥［**バ〜ド**］┌ b と d の丸の向きのちがいに注意しましょう。

bird

⑥ 馬［**ホース**］

horse

3 それぞれの絵について，アとイの単語が読まれます。絵に合うほうを
選んで，記号を〇で囲みましょう。　　　　　　　　　1つ6【18点】　🎵**34**

① （　ア　　イ　）　　　② （　ア　　イ　）　　　③ （　ア　　イ　）

4 日本語に合う英語を右から選んで，線でつなぎましょう。　　　1つ6【24点】

① ぶた　　　　　　　　　　　　　　　　　　bird

② 鳥　　　　　　　　　　　　　　　　　　horse

③ 魚　　　　　　　　　　　　　　　　　　pig

④ 馬　　　　　　　　　　　　　　　　　　fish

5 日本語を英語にしましょう。　　　　　　　　　　　　　1つ6【18点】

① ぶた

② 犬

③ ねこ

答え ▶ 87ページ

32

15 生き物 ②

月　日
とくてん

点

1 ①から順にCDを聞いて，あとについて言ってみましょう。　【10点】 🎵35

① lion　② koala　③ panda　④ bear　⑤ tiger　⑥ monkey

2 声に出して読みながらなぞったあと，数回書きましょう。　1つ5【30点】

⑴ **ライオン** ［ライオン］ ── i は上の点を忘れないようにしましょう。

lion

② **コアラ** ［コウアーラ］　　　　　　　　　　　　　［コウアーラ］の［ア］を強く言います。

koala

③ **パンダ** ［パンダ］

panda

④ **くま** ［ベア］ ── b を d としないように注意しましょう。

bear

⑤ **とら** ［タイガァ］

tiger

⑥ **さる** ［マンキィ］　　　　　　　　　　　　［モンキー］と日本語式に発音しないようにしましょう。

monkey

3 読まれた単語に合う絵を下のア～エから選んで，記号を書きましょう。

🎵**36**

1つ3【12点】

① (　　　　)　② (　　　　)　③ (　　　　)　④ (　　　　)

ア　　　　　　　イ　　　　　　　ウ　　　　　　　エ

4 (例)にならって，①～④の絵に合う単語を縦または横で探して，⬜で囲みましょう。

1つ6【24点】

(例)

b	r	t	u	i	o	p	q
m	l	i	o	n	s	a	e
n	w	g	q	f	a	n	h
o	b	e	a	r	z	d	l
b	g	r	l	p	c	a	t

①

②

③

④

(例)

5 日本語を英語にしましょう。

1つ8【24点】

① コアラ　　　　　　　　　　　[a, o, k, l, a]

② とら　　　　　　　　　　　　[g, t, e, r, i]

③ さる　　　　　　　　　　　　[e, o, y, n, m, k]

答え ▶ 88ページ

	月	日
とくてん		
		点 てん

1 ①から順にCDを聞いて，あとについて言ってみましょう。 【10点】 **37**

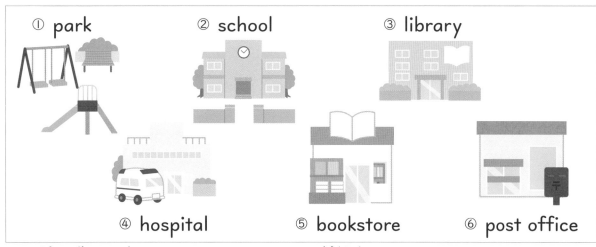

① park   ② school   ③ library

④ hospital   ⑤ bookstore   ⑥ post office

2 声に出して読みながらなぞったあと，数回書きましょう。 1つ5【30点】

① 公園 [パーク]
こうえん

park

② 学校 [スクール] ── ch のつづりに注意しましょう。
がっこう

school

③ 図書館 [ライブレリィ]
としょかん

library

④ 病院 [ハスピトォ]
びょういん

hospital

⑤ 書店，本屋さん [ブクストーァ]
しょてん　ほんや

bookstore

⑥ 郵便局 [ポウスト オーフィス] ── 間を空けて書きます。
ゆうびんきょく

post office

3 それぞれの絵について，アとイの単語が読まれます。絵に合うほうを
選んで，記号を○で囲みましょう。　　　　　　　1つ6【18点】

① （ ア　イ ）　　　② （ ア　イ ）　　　③ （ ア　イ ）

4 絵に合う英語を右から選んで，線でつなぎましょう。　　1つ7【21点】

① 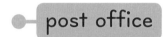　　　　　　　　　　　post office

② 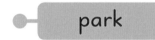　　　　　　　　　　　park

③ 　　　　　　　　　　　library

5 日本語を英語にしましょう。[　　]のアルファベットを使いましょう。

1つ7【21点】

① 病院　　　　　　　　　　　　　　[a, l, s, o, h, p, t, i]

② 学校　　　　　　　　　　　　　　[l, o, s, o, h, c]

③ 書店，本屋さん

[e, o, r, o, b, s, o, k, t]

17 町 ②

1 ①から順にCDを聞いて，あとについて言ってみましょう。【10点】 39

① zoo　　② bank　　③ station

④ restaurant　　⑤ supermarket　　⑥ flower shop

2 声に出して読みながらなぞったあと，数回書きましょう。 1つ5【30点】

① 動物園［ズー］── z は s との形のちがいに注意して書きましょう。

zoo

② 銀行［バンク］

bank

③ 駅［ステイション］── i は上の点を忘れないようにしましょう。

station

④ レストラン［レストラント］── au のつづりに注意して書きましょう。

restaurant

⑤ スーパーマーケット［スーパマーケト］

supermarket

⑥ 生花店，花屋さん［フラウア シャップ］── 間を空けて書きます。

flower shop

37

3 読まれた単語に合う絵をアとイからそれぞれ選んで，記号を○で囲みましょう。

1つ6【18点】

① （ ア イ ）　　② （ ア イ ）　　③ （ ア イ ）

4 日本語に合う単語を下の□の中から選んで，4線に書きましょう。

1つ7【21点】

① 生花店

② スーパーマーケット

③ レストラン

flower shop　restaurant　supermarket

5 ［タテのカギ］と［ヨコのカギ］をヒントに，□にアルファベットを書いて，パズルを完成させましょう。

1つ3【21点】

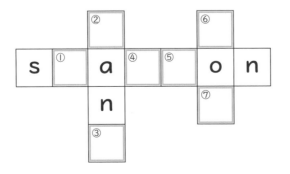

タテのカギ
銀行，動物園

ヨコのカギ
駅

18 乗り物

1 ①から順にCDを聞いて，あとについて言ってみましょう。　【10点】

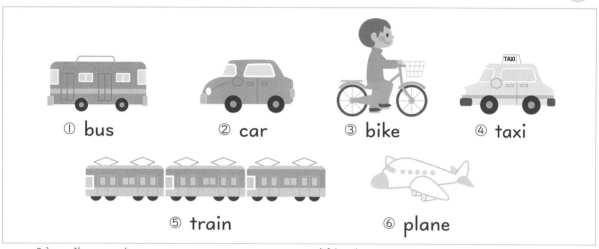

① bus　② car　③ bike　④ taxi

⑤ train　　　⑥ plane

2 声に出して読みながらなぞったあと，数回書きましょう。　1つ5【30点】

① バス［バス］── a ではなくて，u です。

bus

② 車，自動車［カー］

car

③ 自転車［バイク］

bike

④ タクシー［タクスィ］

taxi

⑤ 電車［トゥレイン］── ai のつづりに注意しましょう。

train

⑥ 飛行機［プレイン］── 最後の e を忘れないようにしましょう。

plane

「乗り物」の発音と書き方を確かめましょう。

3はCDを聞いて，問題に答えましょう。

3 読まれた単語に合う絵を下のア〜エから選んで，記号を書きましょう。 🎵42

1つ4【16点】

① （　　　　） ② （　　　　） ③ （　　　　） ④ （　　　　）

ア　　　　　　イ　　　　　　ウ　　　　　　エ

4 日本語に合う英語を右から選んで，線でつなぎましょう。　　1つ4【12点】

① 車，自動車　　　　　　　　　　　plane

② タクシー　　　　　　　　　　　　car

③ 飛行機　　　　　　　　　　　　　taxi

5 （例）にならって，①〜④の絵に合う単語を縦または横で探して，☐で囲みましょう。

1つ5【20点】

（例）

g	o	t	m	k	l	t	i
y	p	r	s	w	c	a	r
p	l	a	n	e	e	x	q
b	n	i	v	f	z	i	a
r	e	n	b	d	o	g	u

①　　　　　　　　　　②

③　　　　（例）　　　④

6 日本語を英語にしましょう。　　1つ6【12点】

① 自転車　　　　　　　　　　② バス

答え ▶ 88ページ

	月	日
とくてん		
		点^{てん}

1 ①から順^{じゅん}にCDを聞^きいて，あとについて言^いってみましょう。 【10点^{てん}】 **43** 🎵

① sea
② sky
③ sun
④ tree
⑤ cloud
⑥ flower

2 声^{こえ}に出^だして読^よみながらなぞったあと，数回書^{すうかいか}きましょう。 1つ5【30点】

① 海^{うみ}［スィー］

sea

② 空^{そら}［スカーイ］

sky

③ 太陽^{たいよう}［サン］ ── a ではなくて，u です。

sun

④ 木^き［トゥリー］

tree

⑤ 雲^{くも}［クラウド］ ── au ではなくて，ou です。

cloud

⑥ 花^{はな}［フラウア］　　　　［フラワー］と日本語式^{にほんごしき}に発音^{はつおん}しないようにしましょう。

flower

「自然」の発音と書き方を確かめましょう。

3はCDを聞いて，問題に答えましょう。

3 それぞれの絵について，アとイの単語が読まれます。絵に合うほうを
選んで，記号を〇で囲みましょう。　　　　　　　　　1つ5【15点】　♪44

① (ア　イ)　　　② (ア　イ)　　　③ (ア　イ)

4 (例)にならって，①〜③の日本語に合う単語を縦または横で探して，
◻で囲みましょう。　　　　　　　　　　　　　1つ5【15点】

（例）バス

① 海
② 雲
③ 空

p	s	k	y	c	b
e	e	s	w	v	u
l	a	v	d	m	s
i	c	l	o	u	d

（例）

5 [タテのカギ] と [ヨコのカギ] をヒントに，◻にアルファベットを書
いて，パズルを完成させましょう。　　　　　　　1つ3【18点】

```
  c       s
f ② o ④ ⑤ r
  o       ⑥
① ③ n
  d
```

タテのカギ

雲，海

ヨコのカギ

花，太陽

6 日本語を英語にしましょう。　　　　　　　　　　1つ6【12点】

① 空　　　　　　　　　② 木

42

answ答え ▶ 89ページ

まとめテスト③

1 あるグループ名が日本語で読まれたあと，ア，イ，ウの3つの単語が
読まれます。この中からグループの仲間ではない単語を1つ選んで，
記号を○で囲みましょう。 1つ4【12点】 **45**

① （ ア イ ウ ） ② （ ア イ ウ ）

③ （ ア イ ウ ）

2 それぞれの絵について，アとイの単語が読まれます。絵に合うほうを
選んで，記号を○で囲みましょう。 1つ3【12点】 **46**

① （ ア イ ） ② （ ア イ ）

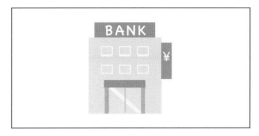

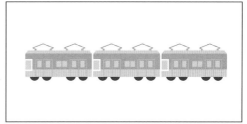

③ （ ア イ ） ④ （ ア イ ）

3 読まれたほうの単語を選んで，4線に書きましょう。 1つ5【15点】 **47**

① { sea
taxi

② { flower shop
post office

③ { horse
hospital

43

4 同じ仲間の単語を右から選んで，線でつなぎましょう。　1つ5【15点】

① supermarket ●　　　　　● plane

② bus ●　　　　　● dog

③ lion ●　　　　　● bookstore

5 空いている□にアルファベットを書いて，①〜④の日本語を英語にしましょう。そして，□にできた単語を4線に書きましょう。　1つ5【25点】

① 図書館　　l i □ r r □

② さる　　m □ k □ y

③ コアラ　　□ o □ a

④ レストラン　r □ s t u □ a n

⑤ □にできた単語

6 日本語を英語にしましょう。　1つ7【21点】

① ねこ

② 公園

③ 駅

答え ▶ 89ページ

20 家族（かぞく）

1 ①から順（じゅん）にCDを聞（き）いて，あとについて言（い）ってみましょう。【10点（てん）】48

① father ② mother ④ sister ⑤ grandfather
③ brother ⑥ grandmother

2 声（こえ）に出（だ）して読（よ）みながらなぞったあと，数回（すうかい）書（か）きましょう。1つ5【30点】

① 父（ちち），お父（とう）さん［ファーリァ］

father

② 母（はは），お母（かあ）さん［マザァ］── a ではなくて，o です。

mother

③ 兄（あに），弟（おとうと）［ブラザァ］　　　年（ねん）れいの上下（じょうげ）に関係（かんけい）なく，男（おとこ）のきょうだいには brother を使（つか）います。

brother

④ 姉（あね），妹（いもうと）［スィスタァ］　　　年（ねん）れいの上下（じょうげ）に関係（かんけい）なく，女（おんな）のきょうだいには sister を使（つか）います。

sister

⑤ 祖父（そふ），おじいさん［グランドゥファーザァ］

grandfather

⑥ 祖母（そぼ），おばあさん［グランドゥマザァ］

grandmother

「家族」の発音と書き方を確かめましょう。

③はCDを聞いて、問題に答えましょう。

3 読まれた単語に合う絵をアとイからそれぞれ選んで、記号を〇で囲みましょう。

1つ6【18点】

① （ ア イ ）　② （ ア イ ）　③ （ ア イ ）

  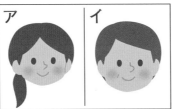  

4 ①〜③の単語が男女で組みになるように、線でつなぎましょう。 1つ6【18点】

① sister ● ● father

② mother ● ● grandfather

③ grandmother ● ● brother

5 ［タテのカギ］と［ヨコのカギ］をヒントに、□にアルファベットを書いて、パズルを完成させましょう。

1つ3【24点】

タテのカギ
兄・弟，父・お父さん

ヨコのカギ
母・お母さん，姉・妹

答え ▶ 90ページ

月　日
とくてん

点 てん

1 ①から順にCDを聞いて，あとについて言ってみましょう。 じゅん　き　い 【10点】てん **50** ♪

① vet

③ farmer

⑤ teacher

② nurse

④ florist

⑥ scientist

2 声に出して読みながらなぞったあと，数回書きましょう。 こえ　だ　よ　すうかい　か 1つ5【30点】

① じゅう医 い [**ヴェト**]
— v を u としないように気をつけましょう。

vet

② 看護師 かんごし [**ナ〜ス**]
— ur のつづりに注意しましょう。 ちゅうい

nurse

③ 農場経営者，農家の人 のうじょうけいえいしゃ　のうか　ひと [**ファーマァ**]

farmer

④ 生花店の店主，花屋さん せいかてん　てんしゅ　はなや [**フローリスト**] [フローリスト]の[ロ]を強く言います。 つよ

florist

⑤ 先生，教師 せんせい　きょうし [**ティーチァ**]

teacher

⑥ 科学者 かがくしゃ [**サイエンティスト**]
— c を忘れないようにしましょう。 わす

scientist

3 読まれた単語に合う絵を下のア～エから選んで，記号を書きましょう。 🎵51

1つ6【24点】

① (　　　) ② (　　　) ③ (　　　) ④ (　　　)

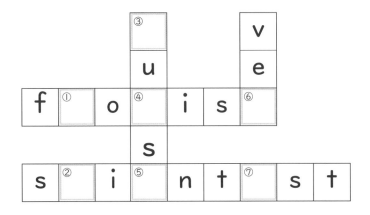

ア　　　　　イ　　　　　ウ　　　　　エ

4 ［タテのカギ］と［ヨコのカギ］をヒントに，□にアルファベットを書いて，パズルを完成させましょう。

1つ3【21点】

タテのカギ
看護師，じゅう医

ヨコのカギ
生花店の店主，科学者

```
        ③        v
        u        e
f ① o ④ i s ⑥
        s
s ② s ⑤ i n t ⑦ s t
```

5 □に当てはまるアルファベットを書いて，日本語を英語にしましょう。

1つ5【15点】

① 看護師　　n □ □ s □

② 先生，教師　　t □ □ ch □ □

③ 農場経営者　　fa □ m □ □

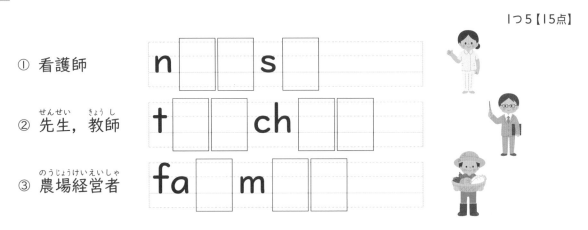

答え ▶ 90ページ

職業 ②

月　　日

とくてん

点

1 ①から順にCDを聞いて，あとについて言ってみましょう。　【10点】 52

① cook

② pilot

③ writer

④ artist

⑤ singer

⑥ doctor

2 声に出して読みながらなぞったあと，数回書きましょう。　1つ5【30点】

① コック，料理人 [**ク**ック]　┌ o は2つです。

cook

② パイロット [パーイロト]　[パーイロト]の[パ]を強く言います。

pilot

③ 作家 [**ラ**イタァ]　┌ w を忘れないようにしましょう。

writer

④ 画家，芸術家 [**アー**ティスト]

artist

⑤ 歌手 [**ス**ィンガァ]

singer

⑥ 医者，医師 [**ダ**クタァ]　┌ e ではなくて，o です。　[ドクタァ]と言うこともあります。

doctor

49

3 それぞれの絵について，アとイの単語が読まれます。絵に合うほうを選んで，記号を○で囲みましょう。

1つ6【18点】

① （ ア　　イ ）　　　② （ ア　　イ ）　　　③ （ ア　　イ ）

4 （例）にならって，①〜④の絵に合う単語を縦または横で探して，◻️で囲みましょう。

1つ6【24点】

（例）

①

③

②

④

					(例)		
q	s	g	j	k	b	c	b
p	i	l	o	t	o	o	v
t	n	m	q	l	x	o	e
y	g	w	e	d	f	k	c
u	e	a	r	t	i	s	t
i	r	t	e	a	c	h	e

5 日本語を英語にしましょう。①と②は，◻️に当てはまるアルファベットを書きましょう。

1つ6【18点】

① 医者，医師

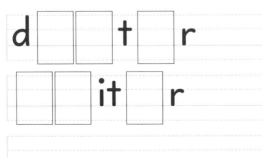

d ◻️ t ◻️ r

② 作家

◻️ ◻️ it ◻️ r

③ コック，料理人

答え ▶ 90ページ

1 ①から順にCDを聞いて，あとについて言ってみましょう。　【10点】**54**

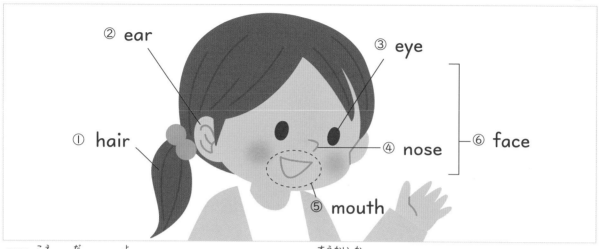

② ear
③ eye
① hair
④ nose
⑥ face
⑤ mouth

2 声に出して読みながらなぞったあと，数回書きましょう。　1つ5【30点】

① かみの毛 [ヘア] ┌ ai のつづりに注意しましょう。

hair

② 耳 [イア]

ear

③ 目 [アイ]

eye

④ 鼻 [ノウズ] ┌ z ではなくて，s です。　　　　　　　　　[ノーズ]ではありません。

nose

⑤ 口 [マウス] ┌ ou のつづりに注意しましょう。

mouth

⑥ 顔 [フェイス] ┌ s ではなくて，c です。

face

3 ①〜④の単語が読まれます。それぞれの単語に合う顔の部分を，ア〜エから選んで，記号を書きましょう。

1つ4【16点】 **55**

① （　　　　）

② （　　　　）

③ （　　　　）

④ （　　　　）

4 (例)にならって，①〜④の日本語に合う単語を縦または横で探して，◯で囲みましょう。

1つ5【20点】

(例) 車

① 口

② 耳

③ 顔

④ 目

(例)

o	c	a	r	q	m
m	w	f	a	s	o
o	e	a	r	r	u
u	v	c	e	p	t
h	z	e	y	e	h

5 日本語を英語にしましょう。

1つ8【24点】

① 鼻

② 顔

③ かみの毛

月　　日

とくてん

点 [てん]

1 ①から順にCDを聞いて，あとについて言ってみましょう。 【10点】 🎵 **56**

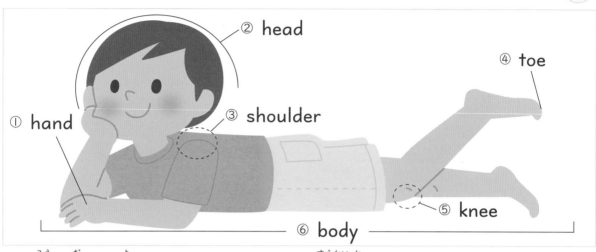

② head
④ toe
① hand
③ shoulder
⑤ knee
⑥ body

2 声に出して読みながらなぞったあと，数回書きましょう。 1つ5【30点】

① 手 [ハンド]

hand

② 頭 [ヘッド]

head

③ かた [ショウルダァ] ├─ u を忘れないようにしましょう。

shoulder

④ 足の指，つま先 [トウ] ├─ 最後の e を忘れないようにしましょう。

toe

⑤ ひざ [ニー] ├─ 発音しない k のつづりに気をつけましょう。

knee

⑥ 体 [バディ]　　　　body は，首や手足を除いた「どう体」を指すこともあります。

body

3 ①～④の単語が読まれます。それぞれの単語に合う体の部分を，ア～エから選んで，記号を書きましょう。 1つ5【20点】

♪ 57

① (   )

② (   )

③ (   )

④ (   )

4 日本語に合う単語を右の ☐ の中から選んで，4線に書きましょう。

1つ6【12点】

① ひざ

② 頭

```
head
hair
knee
```

5 ［タテのカギ］と［ヨコのカギ］をヒントに，☐ にアルファベットを書いて，パズルを完成させましょう。 1つ2【14点】

```
          ⑤
          o
① h ② u ④ u ⑥ e ⑦
    t       e
    ③       y
```

タテのカギ
足の指・つま先，体

ヨコのカギ
かた

6 日本語を英語にしましょう。 1つ7【14点】

① 手

② 体

54

答え ▶ 91ページ

まとめテスト④

1 あるグループ名が日本語で読まれたあと，ア，イ，ウの3つの単語が読まれます。この中からグループの仲間ではない単語を1つ選んで，記号を○で囲みましょう。 1つ4【12点】 **58**

① （ ア　　イ　　ウ ）　　② （ ア　　イ　　ウ ）

③ （ ア　　イ　　ウ ）

2 読まれた単語に合うほうをアとイからそれぞれ選んで，記号を○で囲みましょう。 1つ4【16点】 **59**

① （ ア　イ ）　　　　　　② （ ア　イ ）

③ （ ア　イ ）　　　　　　④ （ ア　イ ）

3 読まれたほうの単語を選んで，4線に書きましょう。 1つ4【12点】 **60**

① father / farmer

② head / hand

③ face / mouth

55

4 ①～③のしせつや店の絵と関係のある職業を右から選んで，線でつなぎましょう。

1つ4【12点】

① ● ● florist

② ● ● doctor

③ ● ● cook

5 空いている□にアルファベットを書いて，①～④の日本語を英語にしましょう。そして，□にできた単語を4線に書きましょう。

1つ6【30点】

① 手

② 父，お父さん

③ パイロット

④ 看護師

	a		d
f		e	r
p		t	
n		e	

⑤ □にできた単語

6 日本語を英語にしましょう。

1つ6【18点】

① 姉，妹

② 体

③ 先生，教師

答え ▶ 91ページ

56

25 服

1 ①から順にCDを聞いて，あとについて言ってみましょう。 【10点】 61

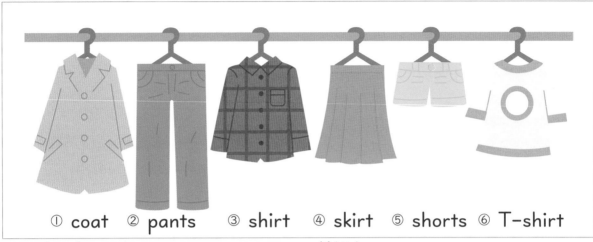

① coat　② pants　③ shirt　④ skirt　⑤ shorts　⑥ T-shirt

2 声に出して読みながらなぞったあと，数回書きましょう。　1つ5【30点】

① コート ［コウト］
└ u ではなくて，a です。 　発音は［コート］ではなくて，［コウト］です。

coat

② ズボン ［パンツ］

pants

③ シャツ ［シャ～ト］
└ ir のつづりに注意しましょう。

shirt

④ スカート ［スカ～ト］
└ ir のつづりに注意しましょう。　［カ～］とのばす音に注意して発音しましょう。

skirt

⑤ 半ズボン ［ショーツ］

shorts

⑥ Tシャツ ［ティーシャ～ト］ ─ 大文字で書きます。

T-shirt

3 それぞれの絵について，アとイの単語が読まれます。絵に合うほうを
選んで，記号を〇で囲みましょう。　　　　　　　　1つ4【12点】　🎵62

① （ ア　　イ ）　　② （ ア　　イ ）　　③ （ ア　　イ ）

4 （例）にならって，①〜④の絵に合う単語を縦または横で探して，▢で
囲みましょう。　　　　　　　　　　　　　　　　　　1つ5【20点】

（例）

s	f	m	g	h	p	u
h	w	a	c	o	a	t
i	e	p	s	q	n	a
r	s	h	o	r	t	s
t	b	j	l	m	s	n

①　②　③　④

5 日本語を英語にしましょう。①と②は，▢に当てはまるアルファベット
を書きましょう。　　　　　　　　　　　　　　　　1つ7【28点】

① Tシャツ　　　T- ▢ hi ▢ ▢

② スカート　　　▢ ki ▢ ▢

③ コート

④ ズボン

1 ①から順にCDを聞いて，あとについて言ってみましょう。 【10点】 63

① cap　　② hat　　③ bag

④ shoes　　⑤ socks　　⑥ watch

2 声に出して読みながらなぞったあと，数回書きましょう。 1つ5【30点】

① （ふちのない）ぼうし ［**キャップ**］ ┌─ p を q としないように注意しましょう。

cap

② （ふちのある）ぼうし ［**ハット**］

hat

③ かばん，ふくろ ［**バッグ**］

bag

④ くつ ［**シューズ**］ ┌─ e を忘れやすいので気をつけましょう。

shoes

⑤ くつ下 ［**サックス**］ ┌─ ck のつづりに注意しましょう。

socks

⑥ うで時計 ［**ワッチ**］ ┌─ t を忘れないようにしましょう。

watch

「身につけるもの」の発音と書き方を確かめましょう。

3 はCDを聞いて，問題に答えましょう。

3 読まれた単語に合う絵を下のア～エから選んで，記号を書きましょう。 🎵**64**

1つ7【28点】

① （　　　　　） ② （　　　　　） ③ （　　　　　） ④ （　　　　　）

ア　　　　　　イ　　　　　　ウ　　　　　　エ

4 ［タテのカギ］と［ヨコのカギ］をヒントに，□にアルファベットを書いて，パズルを完成させましょう。

1つ2【14点】

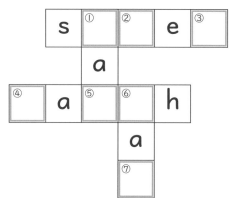

タテのカギ

（ふちのある）ぼうし，

（ふちのない）ぼうし

ヨコのカギ

くつ，うで時計

5 絵に合う単語を英語で書きましょう。

1つ6【18点】

①

②

③

答え ▶ 92ページ

27 動作を表す語（動詞）

とくてん

月　日

点

1 ①から順にCDを聞いて，あとについて言ってみましょう。 【10点】 🎵 65

① play　　③ sing　　⑤ cook

② swim　　④ clean　　⑥ study

2 声に出して読みながらなぞったあと，数回書きましょう。 1つ5【30点】

① （楽器を）演奏する，（スポーツを）する [♪レィ]　　[プレー]ではありません。

play

② 泳ぐ [スウィム] ┌─ w と m の形のちがいに気をつけましょう。

swim

③ 歌う [スィング]

sing

④ そうじする [クリーン]

clean

⑤ 料理する [クック] ┌─ o は 2 つです。

cook

⑥ 勉強する [スタディ] ┌─ a ではなくて，u です。

study

「動作を表す語」の発音と書き方を確かめましょう。

3 はCDを聞いて，問題に答えましょう。

3 読まれた単語に合う絵を下のア～エから選んで，記号を書きましょう。

1つ6【24点】

① (　　　　) ② (　　　　) ③ (　　　　) ④ (　　　　)

ア　　　　　イ　　　　　ウ　　　　　エ

4 ［タテのカギ］と［ヨコのカギ］をヒントに，□にアルファベットを書いて，パズルを完成させましょう。

1つ2【12点】

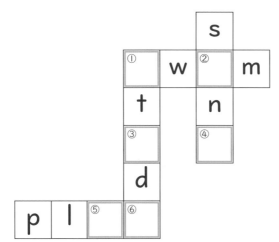

タテのカギ
勉強する，歌う

ヨコのカギ
泳ぐ，（楽器を）演奏する・
（スポーツを）する

5 絵に合う動作を英語で書きましょう。

1つ8【24点】

①

②

③

62

答え ▶ 92ページ

1 ①から順にCDを聞いて，あとについて言ってみましょう。　【10点】🎵**67**
じゅん　　　き

2 声に出して読みながらなぞったあと，数回書きましょう。　1つ6【30点】
こえ　だ　　　　　よ　　　　　　　　　　すうかい　か

① 起きる [ゲット アップ] ── u を v としないように気をつけましょう。
お

get up ~~get up~~

② 朝食を食べる [イート ブレクファスト]　breakfast は「朝食」の意味です。
ちょうしょく　た

eat breakfast ~~eat breakfast~~

③ 学校へ行く [ゴウ トゥ スクール]　go to ～で「～へ行く」を表します。
がっこう　い　　　　　　　　　　　　　　　　　あらわ

go to school ~~go to school~~

④ テレビを見る [ワッチ ティーヴィー]　watch は「見る」の意味です。
み

watch TV ~~watch TV~~

⑤ ねる [ゴウ トゥ ベッド]

go to bed ~~go to bed~~

3 それぞれの絵について，アとイの英語が読まれます。絵に合うほうを
選んで，記号を○で囲みましょう。　　　　　　　　　1つ6【18点】　🎵**68**

①（　ア　　イ　）　　　②（　ア　　イ　）　　　③（　ア　　イ　）

4 ①〜③の行動に合う英語を右から選んで，線でつなぎましょう。1つ6【18点】

① 朝食を食べる ● ― ● go to school

② ねる ● ― ● go to bed

③ 学校へ行く ● ― ● eat breakfast

5 絵に合う行動になるように，4線に適する英語を書き入れましょう。1つ8【16点】

① _____ TV

② _____ up

6 絵の人物になったつもりで，日本語で示された行動を英語で表しましょう。

4線に適する英語を書き入れましょう。　　　　　　　　　　　【8点】

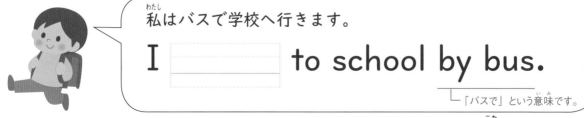

私はバスで学校へ行きます。

I _____ to school by bus.

└─「バスで」という意味です。

様子を表す語（形容詞）

1 ①から順にCDを聞いて，あとについて言ってみましょう。 【10点】 69

① sad
② happy
③ big
④ small
⑤ long
⑥ short

2 声に出して読みながらなぞったあと，数回書きましょう。 1つ5【30点】

① 悲しい [サッド]

sad

② 楽しい，幸せな [ハピィ] └─ p は 2 つです。　　　　　　[ハッピー]と日本語式に発音しないようにしましょう。

happy

③ 大きい [ビッグ]

big

④ 小さい [スモール] └─ o ではなくて，a です。

small

⑤ 長い [ローング]

long

⑥ 短い [ショート]

short

3 読まれた単語に合う絵をアとイからそれぞれ選んで，記号を○で囲みましょう。

1つ6【18点】 🎵70

① （ ア　イ ）　② （ ア　イ ）　③ （ ア　イ ）

ア	イ

ア	イ

ア	イ

4 （例）にならって，①〜④の日本語に合う単語を縦または横で探して，▭で囲みましょう。

1つ6【24点】

（例）かばん

① 悲しい

② 長い

③ 小さい

④ 大きい

（例）

b	a	g	f	e	c	v
o	l	j	s	t	i	n
w	s	m	a	l	l	q
d	v	z	d	a	o	b
x	y	h	u	k	f	i
t	b	m	l	o	n	g

5 ①〜③の単語と反対の意味になる語を，右の▭から選んで書きましょう。

1つ6【18点】

① sad ⬌ _____

② small ⬌ _____

③ long ⬌ _____

big
short
happy

答え ▶ 93ページ

30 国 (くに)

月　日
とくてん

点 (てん)

1 ①から順(じゅん)にCDを聞(き)いて，あとについて言(い)ってみましょう。【10点(てん)】🎵 **71**

2 声(こえ)に出(だ)して読(よ)みながらなぞったあと，数回(すうかいか)書(か)きましょう。 1つ4【32点】

① 日本(にほん) [ヂャパン] ←── 国(くに)の名前(なまえ)は大文字(おおもじ)で書(か)き始(はじ)めます。

Japan　Japan

② 中国(ちゅうごく) [チャイナ]

China　China

③ 韓国(かんこく)，朝鮮(ちょうせん) [コリーア]

Korea　Korea

④ フランス [フランス] ──→ s ではなくて，c です。

France　France

⑤ カナダ [キャナダ]

Canada　Canada

⑥ ブラジル [ブラズィル] ──→ z を s としないように注意(ちゅうい)しましょう。

Brazil　Brazil

⑦ アメリカ [アメリカ] ──→ k ではなくて，c です。

America　America

⑧ オーストラリア [オーストゥレイリャ] ──→ r と l のつづりに注意(ちゅうい)しましょう。

Australia　Australia

3 読まれた国はどれですか。適する国旗を下のア～エから選んで，記号 🎵**72**
を書きましょう。　　　　　　　　　　　　　　　　　　　1つ5【20点】

① (　　　　　)　② (　　　　　)　③ (　　　　　)　④ (　　　　　)

ア　中国　　　イ　日本　　　ウ　アメリカ　　　エ　オーストラリア

4 ［タテのカギ］と［ヨコのカギ］をヒントに，□にアルファベットを書
いて，パズルを完成させましょう。　　　　　　　　　　　1つ2【14点】

| タテのカギ |
| 中国，韓国・朝鮮 |
| ヨコのカギ |
| アメリカ，日本 |

5 日本語を英語にしましょう。[　　　]のアルファベットを使いましょう。
ただし，大文字にするべき文字は大文字にしましょう。　　1つ8【24点】

① フランス　　　　　　　　　　　　　　[n, c, f, a, e, r]

② ブラジル　　　　　　　　　　　　　　[r, z, a, b, l, i]

③ カナダ　　　　　　　　　　　　　　　[a, a, c, n, d, a]

答え ▶ 93ページ

まとめテスト⑤

1 あるグループ名が日本語で読まれたあと，ア，イ，ウの3つの単語が
読まれます。この中からグループの仲間ではない単語を1つ選んで，
記号を○で囲みましょう。　　　　　　　　　　　　　　1つ3【9点】

① （ ア　　イ　　ウ ）　　　② （ ア　　イ　　ウ ）

③ （ ア　　イ　　ウ ）

2 それぞれの絵について，アとイの英語が読まれます。絵に合うほうを
選んで，記号を○で囲みましょう。　　　　　　　　　1つ4【16点】

① （ ア　　イ ）　　　　② （ ア　　イ ）

③ （ ア　　イ ）　　　　④ （ ア　　イ ）

3 ①～③の3つの単語が読まれます。読まれた単語を右の▢の中から
選んで，4線に書きましょう。　　　　　　　　　　1つ4【12点】

①

②

③

France
T-shirt
America
swim
watch

4 絵に合う行動になるように，4線に適する英語を書き入れましょう。

1つ7【14点】

① _____ breakfast

② _____ to _____

5 空いている□にアルファベットを書いて，①〜④の日本語を英語にしましょう。そして，□にできた単語を4線に書きましょう。

1つ5【25点】

（例）（ふちのある）ぼうし

| h | a | t |

① そうじする

| c | l | | n |

② ズボン

| | a | t | |

③ 日本

| | a | | a |

④ （楽器を）演奏する，（スポーツを）する

| p | l | | |

⑤ □にできた単語 _____

6 日本語を英語にしましょう。

1つ6【24点】

① 大きい

_____

② 小さい

_____

③ 勉強する

_____

④ 中国

_____

答え ▶ 93ページ

70

1 ①から順（じゅん）にCDを聞（き）いて，あとについて言（い）ってみましょう。　【10点（てん）】 🎵 **76**

2 声（こえ）に出（だ）して読（よ）みながらなぞったあと，数回（すうかい）書（か）きましょう。　1つ4【36点】

① 赤（あか）［レッド］

red red

② ピンク［ピンク］

pink pink

③ 青（あお）［ブルー］　┌─ e を忘（わす）れないようにしましょう。

blue blue

④ 白（しろ）［ワイト］　　　　　　　　　　　　　　　　　　［フワイト］と言（い）うこともあります。

white white

⑤ 黒（くろ）［ブラック］　┌── ck のつづりに注意（ちゅうい）しましょう。

black black

⑥ 茶色（ちゃいろ）［ブラウン］　┌─ u ではなくて，w です。

brown brown

⑦ 緑（みどり）［グリーン］　┌─ e は 2 つです。

green green

⑧ オレンジ色［オーレンヂ］　　　　　　　　　　　　　　［オレンヂ］と言（い）うこともあります。

orange orange

⑨ 黄色（きいろ）［イェロウ］　┌─ l は 2 つです。

yellow yellow

「色」の発音と書き方を確かめましょう。

3はCDを聞いて，問題に答えましょう。

3 読まれた単語に合うほうを選んで，□で囲みましょう。　1つ4【12点】　🎵**77**

① black　blue　② green　orange

③ pink　brown

4 ①〜③の絵と関連する色を表す単語を右から選んで，線でつなぎましょう。

1つ4【12点】

①

②

③

yellow

white

orange

5 （例）にならって，①〜④の日本語に合う単語を縦または横で探して，□で囲みましょう。　1つ5【20点】

（例）かばん

① ピンク
② 緑
③ 黒
④ 白

h	b	r	a	w	m	q	w
b	l	e	f	h	v	h	j
a	a	t	p	i	n	k	g
g	c	i	o	t	p	c	b
t	k	g	r	e	e	n	a

6 日本語を英語にしましょう。　1つ5【10点】

① 赤　② 青

32 数

1 ①から順にCDを聞いて，あとについて言ってみましょう。 【10点】 🎵 **78**

2 声に出して読みながらなぞったあと，数回書きましょう。 1つ3【30点】

① 1 [ワン]

one one

② 2 [トゥー]

two two

③ 3 [スリー]

[ス]の発音に注意しましょう。

three three

④ 4 [フォーア]

u を忘れないようにしましょう。

four four

⑤ 5 [ファイヴ]

v を u としないように気をつけましょう。

five five

⑥ 6 [スィックス]

six six

⑦ 7 [セヴン]

seven seven

⑧ 8 [エイト]

発音しない gh のつづりに注意しましょう。

eight eight

⑨ 9 [ナイン]

nine nine

⑩ 10 [テン]

ten ten

「数」の発音と書き方を確かめましょう。

3はCDを聞いて，問題に答えましょう。

3 読まれた数に合う数字を選んで，□□で囲みましょう。　1つ3【12点】 ♪ **79**

①
| 5 | 4 |

②
| 2 | 10 |

③
| 6 | 9 |

④
| 3 | 1 |

4 ①〜④の計算の答えを，英語で書きましょう。右の□の単語を参考にしましょう。

1つ6【24点】

① 10－7＝

② 2＋6 ＝

③ 3＋7 ＝

④ 15－8＝

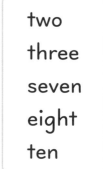

two
three
seven
eight
ten

5 バナナの数を数えましょう。その数を英語で書きましょう。　1つ8【24点】

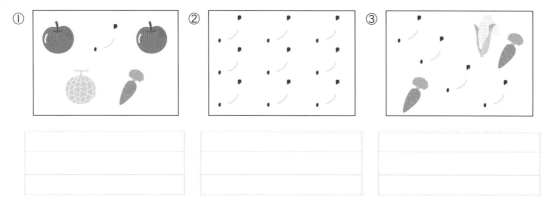

①

②

③

答え ▶ 94ページ

1 ①から順にCDを聞いて，あとについて言ってみましょう。　【10点】 **80**

2 声に出して読みながらなぞったあと，数回書きましょう。　1つ4【36点】

① 日曜日［サンデイ］
　　　　　　　　── 曜日は大文字で書き始めます。

Sunday Sunday

② 月曜日［マンデイ］
　　　　　　　── a ではなくて, o です。

Monday Monday

③ 火曜日［テューズデイ］

Tuesday Tuesday

④ 水曜日［ウェンズデイ］
　　　　　　── 発音しない d を忘れないように注意しましょう。

Wednesday Wednesday

⑤ 木曜日［サ〜ズデイ］
　　　　　　　　　　［サ〜ズデイ］は［ズ］とにごることに注意しましょう。

Thursday Thursday

⑥ 金曜日［フライデイ］
　　　　　　── y ではなくて, i です。

Friday Friday

⑦ 土曜日［セァタデイ］

Saturday Saturday

⑧ 日，1日［デイ］

day day

⑨ 週，1週間［ウィーク］
　　　　　── e は 2 つです。

week week

3 読まれた単語に合うほうを選んで，☐で囲みましょう。　1つ6【18点】 🎵**81**

① Sunday　Saturday

② Thursday　Tuesday

③ Monday　Wednesday

4 日本語に合う単語を右の☐の中から選んで，4線に書きましょう。

1つ6【18点】

① 月曜日

② 水曜日

③ 金曜日

Friday
Wednesday
Monday

5 日本語を英語にしましょう。③は，☐に当てはまるアルファベットを書きましょう。

1つ6【18点】

① 日，1日

② 週，1週間

③ 土曜日

☐ at ☐ da ☐

76

答え ▶ 95ページ

34　月①

月	日
とくてん	
	点

1 ①から順にCDを聞いて，あとについて言ってみましょう。　【10点】 **82**

2 声に出して読みながらなぞったあと，数回書きましょう。　1つ4【36点】

① 1月［ヂャニュエリィ］　└─ 月は大文字で書き始めます。

January　January

② 2月［フェブルエリィ］

February　February

③ 3月［マーチ］

March　March

④ 4月［エイプリル］　　　　　　　　　　　　　［エープリル］とのばして発音しないようにしましょう。

April　April

⑤ 5月［メイ］

May　May

⑥ 6月［ヂューン］　└─ 最後の e を忘れないようにしましょう。

June　June

⑦ 7月［ヂュライ］

July　July

⑧ 8月［オーガスト］　└─ u を忘れないようにしましょう。

August　August

⑨ 9月［セプテンバァ］　　　　　└─ n ではなくて，m です。

September　September

3 読まれた月はどちらですか。適するほうを，□で囲みましょう。

🎵**83**

1つ4【16点】

① | 1月 | 2月

② | 6月 | 7月

③ | 4月 | 5月

④ | 8月 | 9月

4 ［タテのカギ］と［ヨコのカギ］をヒントに，□にアルファベットを書いて，パズルを完成させましょう。

1つ2【18点】

```
                    ①□
              J          a
  J  ②□ ③□ ④□  a  r  ⑤□
              n
  ⑥□ e ⑦□ t ⑧□ m  b  ⑨□ r
```

タテのカギ
6月，5月

ヨコのカギ
1月，9月

5 （例）にならって，①〜⑤の月に合う単語を縦または横で探して，□で囲みましょう。

1つ4【20点】

（例）金曜日

① 2月

② 3月

③ 4月

④ 7月

⑤ 8月

	（例）						
A	p	r	i	l	F	b	r	h
S	F	e	b	r	u	a	r	y
e	r	A	l	n	b	J	x	M
p	i	i	A	u	g	u	s	t
J	d	n	e	S	e	l	q	p
M	a	r	c	h	r	y	w	n
q	y	e	J	a	n	u	e	d

答え ▶ 95ページ

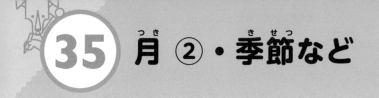

35 月 ② ・ 季節など

月　　日

とくてん

点

1 ①から順にCDを聞いて，あとについて言ってみましょう。　【10点】🎵 **84**

2 声に出して読みながらなぞったあと，数回書きましょう。　1つ4【36点】

① 10月［アク**ト**ウバァ］　└─ 月は大文字で書き始めます。

October　October

② 11月［ノウ**ヴェ**ンバァ］　┌─ n ではなくて，m です。

November　November

③ 12月［ディ**セ**ンバァ］

December　December

④ 春［スプ**リ**ング］

spring　spring

⑤ 夏［**サ**マァ］　┌─ m は 2 つです。

summer　summer

⑥ 秋［**フォ**ール］

fall　fall

⑦ 冬［**ウィ**ンタァ］

winter　winter

⑧ 月，1か月［**マ**ンス］　┌─ a ではなくて，o です。　　　　［ス］の音に注意しましょう。

month　month

⑨ 年，1年［**イ**ア］

year　year

「月 ②・季節など」の発音と書き方を確かめましょう。
3はCDを聞いて，問題に答えましょう。

3 ①〜③の3つの単語が読まれます。読まれた単語を下の◻から選んで，4線に書きましょう。 1つ5【15点】 🎵 **85**

①

②

③

October, November December

4 [タテのカギ] と [ヨコのカギ] をヒントに，◻にアルファベットを書いて，パズルを完成させましょう。 1つ3【21点】

```
①    u  ④    m  e  ⑦
   p     o
   r     n
w  ②  n  ⑤    e  r
   n     ⑥
   ③
```

タテのカギ
春，月・1か月

ヨコのカギ
夏，冬

5 日本語を英語にしましょう。③は，◻に当てはまるアルファベットを書きましょう。 1つ6【18点】

① 秋

② 年，1年

③ 11月

◻ o ◻ e ◻ ◻ er

答え ▶ 95ページ

80

まとめテスト⑥

1 あるグループ名が日本語で読まれたあと，ア，イ，ウの3つの単語が読まれます。この中からグループの仲間ではない単語を1つ選んで，記号を○で囲みましょう。　　　　1つ5【15点】

① （ ア　イ　ウ ）　　　　② （ ア　イ　　ウ ）

③ （ ア　イ　ウ ）

2 単語が3つずつ読まれます。読まれた順になるように，ア，イ，ウの日本語や数字を並べかえて，記号で書きましょう。　　　　1つ5【15点】

① （ 　➡　　➡　 ）

| ア 1月 | イ 12月 | ウ 8月 |

② （ 　➡　　➡　 ）

| ア 9 | イ 2 | ウ 5 |

③ （ 　➡　　➡　 ）

| ア 緑（みどり） | イ 黒（くろ） | ウ 青（あお） |

3 読まれたほうの単語を選んで，4線に書きましょう。　　1つ5【15点】

① { September / December }

② { black / brown }

③ { seven / summer }

4 日曜日から順になるように，①～③に適する曜日を英語で書きましょう。

1つ5【15点】

Sunday ➡ ① _____ ➡ Tuesday

➡ ② _____ ➡ Thursday

➡ Friday ➡ ③ _____

5 空いている□にアルファベットを書いて，①～④の日本語を英語にしましょう。そして，□にできた単語を4線に書きましょう。

1つ5【25点】

① 春

| | s | | | | g |

② 白

| | | h | | t | |

③ 月，1か月

| m | | | | h | |

④ 週，1週間

| | e | e | | | |

⑤ □にできた単語 _____

6 日本語や数を英語にしましょう。

1つ5【15点】

① オレンジ色 _____

② 3 _____

③ 4月 _____

答え ▶ 96ページ

答えとアドバイス

▶まちがえた問題は，もう一度やり直しましょう。
▶ ❷アドバイス を読んで，参考にしてください。

1 アルファベットの復習（大文字） 1~2ページ

1・2 省略

3 ① (H)(A)　② (Z)(J)

③ (O)(G)　④ (Y)(I)

4 ① ABCDE　② GHIJK

③ PQRST　④ UVWXY

5 ① EFGHI　② KLMNO

③ PQRST　④ VWXYZ

CD で読まれたアルファベット

1 省略

3 ①A ②Z ③O ④I

❷アドバイス

4 ①CやEは向きに注意が必要です。④UとVは，形のちがいに気をつけましょう。

5 ③④SとZは，左右の向きや形に注意が必要です。区別して書けるようになりましょう。

2 アルファベットの復習（小文字） 3~4ページ

3 ① bdg　② pqt　③ jak

4 ア，ウ，オ

5 ① abcde　② fghij

③ klmno　④ pqrst

⑤ uvwxyz

CD で読まれたアルファベット

3 ①bdg ②pqt ③jak

❷アドバイス

4 イはG—g，J—j，エはP—p，Q—q，カはZ—z，S—sとすると，正しい組み合わせになります。

5 ①bとdは丸の向きに注意しましょう。②gやjは4番目の線まで使って書くことに気をつけましょう。④pとqは向きのちがいに注意が必要です。

3 野菜 5~6ページ

3 ① イ　② エ　③ ア　④ ウ

4

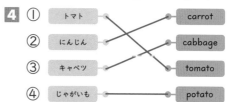

5 ① onion　② tomato　③ corn

CD で読まれた単語

3 ① cabbage（キャベツ）　② onion（たまねぎ）

③ potato（じゃがいも）　④ carrot（にんじん）

4 果物 7~8ページ

3 ① イ　② ア　③ イ

4 ① orange　② apple　③ banana

④ grapes

o	g	o	n	g	o	n	o
r	e	b	v	r	z	p	n
a	b	a	n	a	n	a	i
n	p	a	p	p	l	e	o
g	i	o	n	e	o	c	n
e	q	x	r	s	m	g	e

5 ① peach ② grapes ③ melon

🎵 **CD**で読まれた単語

3 ① peach（もも） ② banana（バナナ）

　③ melon（メロン）

❗**アドバイス**

4 絵は，（例）「たまねぎ」，①「オレンジ」，②「りんご」，③「バナナ」，④「ぶどう」です。

5 ① p<u>ea</u>ch のつづりを正しく覚えましょう。

---

⑤ **食べ物①**　9~10ページ

3 ① イ ② イ ③ ア

4 ① bread ② rice

5 ① b ② r ③ i ④ a ⑤ l ⑥ d ⑦ o ⑧ u

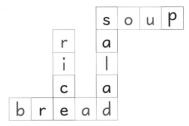

```
      s o u p
  r     a
  i     l
  c     a
  b r e a d
```

6 ① egg ② jam

🎵 **CD**で読まれた単語

3 ① ア salad（サラダ） イ soup（スープ）

　② ア rice（ご飯，米） イ jam（ジャム）

　③ ア egg（卵） イ bread（パン）

❗**アドバイス**

4 絵は，①「パン」，②「ご飯，米」です。

---

⑥ **食べ物②**　11~12ページ

3 ① ウ ② イ ③ エ ④ ア

4 ① t ② a ③ h ④ o ⑤ e ⑥ i ⑦ z

```
  s
  t       o
  e       m         p
s p a g h e t t i   i
  k       l         z
          e         z
          t         a
```

5 ① sandwich ② hamburger ③ pizza

🎵 **CD**で読まれた単語

3 ① omelet（オムレツ）

　② spaghetti（スパゲッティ）

　③ sandwich（サンドイッチ）

　④ hamburger（ハンバーガー）

---

⑦ **飲み物・デザート**　13~14ページ

3 ① イ ② ア ③ イ

4 ① milk ② tea ③ cake ④ juice

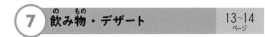

```
s c a k e t e
o s t y o e t
u b j u i c e
p u a u t q a
v j o m i l k
```

5
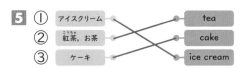

① アイスクリーム ── ice cream
② 紅茶，お茶 ── tea
③ ケーキ ── cake

6 ① milk ② yogurt

🎵 **CD**で読まれた単語

3 ① ア tea（紅茶，お茶） イ ice cream（アイスクリーム）

　② ア yogurt（ヨーグルト） イ cake（ケーキ）

　③ ア milk（牛乳） イ juice（ジュース）

④ 絵は, ①「ヨーグルト」, ②「とうもろこし」, ③「スパゲッティ」です。

⑤ ① juice はつづりに i が入ることを覚えましょう。⑤ □ にできた単語は cake（ケーキ）です。

⑥ 絵は, ①「スープ」, ②「オレンジ」, ③「にんじん」です。① soup のつづりを正しく覚えましょう。③ carrot（にんじん）は, r を 2 つ続けることに注意しましょう。

⑧ **身の回りのもの ①**　17~18 ページ

③ ① ア　② イ　③ ア

④ ① cup　② camera

⑤ ① camera　② box　③ CD
④ cup

t	b	o	x	o	O	D	f
C	j	a	m	b	z	k	e
D	v	c	a	m	e	r	a
p	c	u	m	e	r	a	e
C	Q	p	c	u	q	g	r

⑥ ① ball　② card

CD で読まれた単語

③ ① ア　card（カード）　イ　camera（カメラ）

② ア　cup（カップ）　イ　CD（CD）

③ ア　ball（ボール）　イ　box（箱）

アドバイス

⑤ 絵は,（例）「ジャム」, ①「カメラ」, ②「箱」, ③「CD」, ④「カップ」です。

アドバイス

④ 絵は,（例）「スープ」, ①「牛乳」, ②「紅茶, お茶」, ③「ケーキ」, ④「ジュース」です。

まとめテスト①　15~16 ページ

① ① ウ　② ア　③ イ

② ① イ　② イ　③ ア　④ イ

③ ① salad　② ice cream
③ peach

④ ①

②

③

(spaghetti / yogurt / corn)

⑤ ①

j	u	i	c	e

②

b	a	n	a	n	a

③

m	i	l	k

④

o	m	e	l	e	t

⑤ cake

⑥ ① soup　② orange　③ carrot

CD で読まれた単語

① ①【飲み物】ア　tea（紅茶, お茶）　イ　milk（牛乳）　ウ　egg（卵）　②【野菜】ア　cake（ケーキ）　イ　tomato（トマト）　ウ　potato（じゃがいも）　③【果物】ア　apple（りんご）
イ　pizza（ピザ）　ウ　melon（メロン）

② ① jam（ジャム）　② grapes（ぶどう）
③ omelet（オムレツ）　④ cabbage（キャベツ）

③ ① salad（サラダ）　② ice cream（アイスクリーム）　③ peach（もも）

アドバイス

① ①飲み物はアとイで, ウは食べ物です。②野菜はイとウで, アはデザートです。③果物はアとウで, イは食べ物

⑨ 身の回りのもの ② 19~20ページ

3 ① エ ② イ ③ ウ ④ ア

4 ① o ② p ③ e ④ u ⑤ i
⑥ a ⑦ o

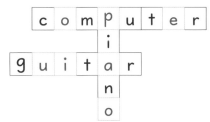

computer
piano
guitar

5 ① TV ② bed ③ picture

CD で読まれた単語

3 ① picture（絵，写真） ② piano（ピアノ）
③ TV（テレビ） ④ bed（ベッド）

⑩ 文ぼう具 21~22ページ

3 ① ア ② イ ③ イ

4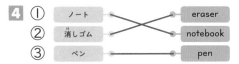
① ノート — eraser
② 消しゴム — notebook
③ ペン — pen

5 ① ruler ② eraser

6 ① e ② c ③ l ④ u ⑤ u
⑥ l ⑦ r

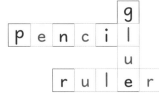

pencil
glue
ruler

CD で読まれた単語

3 ① pencil（えんぴつ） ② ruler（定規）
③ glue（のり）

！アドバイス

5 絵は，①「定規」，②「消しゴム」です。

⑪ 学 校 23~24ページ

3 ① エ ② イ ③ ア ④ ウ

4 ① chair ② door ③ clock
④ book

c	c	l	o	c	k	b	a
h	d	b	p	e	z	o	p
a	o	a	e	d	o	o	r
r	o	l	n	f	i	k	l
e	c	h	a	i	r	v	e

5 ① map ② desk ③ chair

CD で読まれた単語

3 ① desk（机） ② book（本）
③ clock（時計） ④ map（地図）

⑫ スポーツ 25~26ページ

3 ① イ ② ア ③ ア

4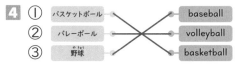
① バスケットボール — baseball
② バレーボール — volleyball
③ 野球 — basketball

5 ① tennis ② soccer
③ swimming

CD で読まれた単語

3 ① ア swimming（水泳） イ soccer（サッカー） ② ア basketball（バスケットボール）
イ volleyball（バレーボール） ③ ア tennis（テニス） イ baseball（野球）

⑬ 教 科 27~28ページ

3 ① イ ② ア ③ ウ ④ エ

4 ① science ② math ③ music

b	a	l	m	o	u	g	z
e	f	j	u	m	a	t	h
d	m	a	s	h	k	r	v
p	s	c	i	e	n	c	e
d	n	p	c	y	g	n	x

5 ① English ② Japanese ③ P.E.

CD で読まれた単語

3 ① Japanese (国語, 日本語) ② English (英語) ③ math (算数) ④ music (音楽)

アドバイス

4 絵は, (例)「ベッド」, ①「理科」, ②「算数」, ③「音楽」です。

5 ①②大文字で書き始めることに注意しましょう。③PもEも大文字で書くことに注意しましょう。

まとめテスト② 29~30ページ

1 ① ア ② イ ③ ウ

2 ① ア ② イ ③ イ ④ イ

3 ① computer ② camera ③ science

4 ① TV ② Japanese ③ ball ④ guitar

t	b	s	d	o	CD	f	b
J	a	p	a	n	e	s	e	e
T	l	z	TV	x	o	j	k
B	l	g	u	i	t	a	r	d

5 swimming
① glue
② basketball
③ tennis
④ clock
⑤ music

6 ① pen ② book ③ English

CD で読まれた単語

1 ①【教科】ア CD (CD) イ P.E. (体育) ウ math (算数)
②【スポーツ】ア baseball (野球) イ chair (いす) ウ tennis (テニス)
③【文ぼう具】ア eraser (消しゴム) イ ruler (定規) ウ piano (ピアノ)

2 ① ア cup (カップ) イ map (地図)
② ア pencil (えんぴつ) イ picture (絵, 写真) ③ ア door (ドア) イ desk (机)
④ ア box (箱) イ bed (ベッド)

3 ① computer (コンピューター)
② camera (カメラ) ③ science (理科)

アドバイス

1 ①教科はイとウで, アのCDが異なります。②スポーツはアとウで, イが異なります。③文ぼう具はアとイで, ウは楽器です。

3 card は「カード」, soccer は「サッカー」です。

4 絵は, (例)「CD」, ①「テレビ」, ②「国語, 日本語」, ③「ボール」, ④「ギター」です。

5 ① glue (のり) は最後のeを忘れないようにしましょう。④ clock (時計) のつづりを正しく覚えましょう。⑤□にできた単語は music (音楽) です。

6 ③English (英語) は, 最初の1文字を大文字にします。

14 生き物① 31~32ページ

3 ① ア ② ア ③ ア

4 ① ぶた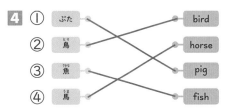
② 鳥（とり）
③ 魚（さかな）
④ 馬（うま）

bird
horse
pig
fish

5 ① pig ② dog ③ cat

CD で読（よ）まれた単語（たんご）

3 ① ア fish（魚） イ cat（ねこ）
② ア horse（馬）　イ bird（鳥）
③ ア dog（犬）　イ pig（ぶた）

---

15 生（い）き物（もの）② 　33~34 ページ

3 ① ウ ② エ ③ ア ④ イ

4 ① panda ② tiger ③ lion
④ bear

b	r	t	u	i	o	p	q
m	l	i	o	n	s	a	e
n	w	g	q	f	a	n	h
o	b	e	a	r	z	d	l
b	g	r	l	p	c	a	t

5 ① koala ② tiger ③ monkey

CD で読（よ）まれた単語（たんご）

3 ① panda（パンダ） ② lion（ライオン）
③ monkey（さる） ④ koala（コアラ）

アドバイス

4 絵（え）は，（例（れい））「ねこ」，①「パンダ」，
②「とら」，③「ライオン」，④「くま」
です。

---

16 町（まち）① 　35~36 ページ

3 ① ア ② イ ③ イ

4 ①
②
③

post office
park
library

5 ① hospital ② school
③ bookstore

CD で読（よ）まれた単語（たんご）

3 ① ア park（公園（こうえん）） イ post office（郵便（ゆうびん）局（きょく）） ② ア bookstore（書店（しょてん），本屋（ほんや）さん）
イ school（学校（がっこう）） ③ ア library（図書館（としょかん））
イ hospital（病院（びょういん））

アドバイス

4 絵（え）は，①「図書館（としょかん）」，②「公園（こうえん）」，③「郵便局（ゆうびんきょく）」です。

---

17 町（まち）② 　37~38 ページ

3 ① イ ② イ ③ ア

4 ① flower shop ② supermarket
③ restaurant

5 ① t ② b ③ k ④ t ⑤ i
⑥ z ⑦ o

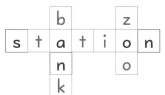

	b		z	
s	t	a	t	i	o	n
	n		o	
	k			

CD で読（よ）まれた単語（たんご）

3 ① restaurant（レストラン） ② station（駅（えき））
③ zoo（動物園（どうぶつえん））

---

18 乗（の）り物（もの） 　39~40 ページ

3 ① エ ② ア ③ イ ④ ウ

4 ① 車（くるま），自動車（じどうしゃ）
② タクシー
③ 飛行機（ひこうき）

plane
car
taxi

5 ① taxi ② plane
③ train ④ car

g	o	t	m	k	l	t	i
y	p	r	s	w	c	a	r
p	l	a	n	e	e	x	q
b	n	i	v	f	z	i	a
r	e	n	b	d	o	g	u

6 ① bike ② bus

CD で読まれた単語

3 ① bus（バス） ② train（電車）

③ plane（飛行機） ④ bike（自転車）

◆アドバイス

5 絵は，（例）「犬」，①「タクシー」，②「飛行機」，③「電車」，④「車，自動車」です。

---

19 自然 41~42ページ

3 ① イ ② ア ③ ア

4 ① sea ② cloud ③ sky

p	s	k	y	c	b
e	e	s	w	v	u
l	a	v	d	m	s
i	c	l	o	u	d

5 ① s ② l ③ u ④ w ⑤ e

⑥ a

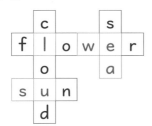

6 ① sky ② tree

CD で読まれた単語

3 ① ア sky（空） イ tree（木）

② ア sun（太陽） イ sea（海）

③ ア flower（花） イ cloud（雲）

まとめテスト③ 43~44ページ

1 ① イ ② ウ ③ ア

2 ① イ ② ア ③ イ ④ ア

3 ① sea ② post office

③ hospital

4 ①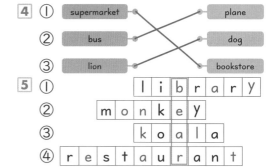

5 ① | l | i | b | r | a | r | y |

② | m | o | n | k | e | y |

③ | k | o | a | l | a |

④ | r | e | s | t | a | u | r | a | n | t |

⑤ bear

6 ① cat ② park ③ station

CD で読まれた単語

1 ①【自然】 ア sun（太陽） イ zoo（動物園）

ウ sky（空）

②【動物】 ア tiger（とら） イ panda（パンダ）

ウ plane（飛行機）

③【建物・しせつ】 ア monkey（さる）

イ school（学校） ウ library（図書館）

2 ① ア bike（自転車） イ bank（銀行）

② ア train（電車） イ tree（木）

③ ア koala（コアラ） イ cloud（雲）

④ ア bookstore（書店，本屋さん）

イ supermarket（スーパーマーケット）

3 ① sea（海） ② post office（郵便局）

③ hospital（病院）

◆アドバイス

1 ①自然はアとウで，イはしせつです。②動物はアとイで，ウは乗り物です。③建物・しせつはイとウで，アは動物です。

3 ① taxi は「タクシー」，② flower

shop は「生花店, 花屋さん」, ③ horse は「馬」です。

4 ① supermarket（スーパーマーケット）と bookstore（書店, 本屋さん）はどちらも店・建物なので, 同じ仲間です。② bus（バス）と plane（飛行機）は乗り物で, 同じ仲間です。③ lion（ライオン）と同じ仲間なのは, 動物の dog（犬）です。

5 □ にできた単語は bear（くま）です。

⑳ 家 族 45~46ページ

3 ① ア ② イ ③ ア

4 ①
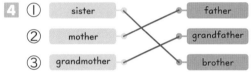

sister — brother
mother — father
grandmother — grandfather

5 ① s ② b ③ o ④ e ⑤ a ⑥ t ⑦ h ⑧ r

```
          f
    b     a
    r     t
m o t h e r
    t     e
    h     r
s i s t e r
    r
```

CD で読まれた単語
3 ① sister（姉, 妹） ② father（父, お父さん）
③ grandmother（祖母, おばあさん）

アドバイス
4 ① sister（姉, 妹）と組みになるのは, brother（兄, 弟）です。② mother（母, お母さん）と組みになるのは, father（父, お父さん）です。③ grandmother（祖母, おばあさん）と組みになるのは,

grandfather（祖父, おじいさん）です。

㉑ 職 業① 47~48ページ

3 ① イ ② ウ ③ ア ④ エ

4 ① l ② c ③ n ④ r ⑤ e ⑥ t ⑦ i

```
      n       v
      u       e
f l o r i s t
      s
s c i e n t i s t
```

5 ① nurse ② teacher ③ farmer

CD で読まれた単語
3 ① farmer（農場経営者, 農家の人）
② vet（じゅう医） ③ scientist（科学者）
④ florist（生花店の店主, 花屋さん）

㉒ 職 業② 49~50ページ

3 ① イ ② ア ③ ア

4 ① singer ② cook ③ pilot ④ artist

```
q s g j k b c b
p i l o t o o v
t n m q l x o e
y g w e d f k c
u e a r t i s t
i r t e a c h e
```

5 ① doctor ② writer ③ cook

CD で読まれた単語
3 ① ア doctor（医者, 医師） イ writer（作家） ② ア singer（歌手） イ cook（コック, 料理人） ③ ア pilot（パイロット） イ artist（画家, 芸術家）

アドバイス

4 絵は，(例)「箱」，①「歌手」，②「コック，料理人」，③「パイロット」，④「画家，芸術家」です。

23 体① | 51~52 ページ

3 ① ウ ② ア ③ エ ④ イ

4 ① mouth ② ear ③ face
　④ eye

o	c	a	r	q	m
m	w	f	a	s	o
o	e	a	r	r	u
u	v	c	e	p	t
h	z	e	y	e	h

5 ① nose ② face ③ hair

CD で読まれた単語

3 ① nose (鼻) ② ear (耳) ③ mouth (口)
　④ eye (目)

24 体② | 53~54 ページ

3 ① ウ ② エ ③ ア ④ イ

4 ① knee ② head

5 ① s ② o ③ e ④ l ⑤ b
　⑥ d ⑦ r

```
        b
    t   o
s h o u l d e r
    e       y
```

6 ① hand ② body

CD で読まれた単語

3 ① shoulder (かた) ② toe (足の指，つま先)
　③ hand (手) ④ head (頭)

まとめテスト④ | 55~56 ページ

1 ① ア ② ウ ③ イ

2 ① ア ② ア ③ イ ④ イ

3 ① father ② head ③ mouth

4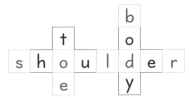

5 ①

h	a	n	d

②

f	a	t	h	e	r

③

p	i	l	o	t

④

n	u	r	s	e

　⑤ hair

6 ① sister ② body ③ teacher

CD で読まれた単語

1 ①【職業】ア brother (兄，弟) イ singer
(歌手) ウ writer (作家)
②【家族】ア grandmother (祖母，おばあさん)
イ grandfather (祖父，おじいさん)
ウ shoulder (かた)
③【体の部分】ア knee (ひざ) イ nurse (看護師) ウ nose (鼻)

2 ① ear (耳) ② scientist (科学者)
③ singer (歌手) ④ toe (足の指，つま先)

3 ① father (父，お父さん) ② head (頭)
③ mouth (口)

アドバイス

1 ①職業はイとウで，アは家族を表す語です。②家族はアとイで，ウは体の部分を表す語です。③体の部分はアとウで，イは職業です。

3 ① farmer は「農場経営者，農家の人」，②hand は「手」，③face は「顔」で

す。

4 ①「病院」と関係がある職業は，doctor（医者）です。②「レストラン」と関係がある職業は，cook（コック，料理人）です。③「生花店，花屋さん」と関係がある職業は，florist（生花店の店主，花屋さん）です。

5 ◯◯◯にできた単語はhair（かみの毛）です。

6 ③teacher（先生，教師）のつづりに注意しましょう。

（25）服　　　　　57~58ページ

3 ① ア　② ア　③ イ

4 ① shorts　② coat
　　③ pants　④ shirt

s	f	m	g	h	p	u
h	w	a	c	o	a	t
i	e	p	s	q	n	a
r	s	h	o	r	t	s
t	b	j	l	m	s	n

5 ① T-shirt　② skirt
　　③ coat　　④ pants

CDで読まれた単語
3 ① ア　T-shirt（Tシャツ）　イ　pants（ズボン）
　② ア　shorts（半ズボン）　イ　coat（コート）
　③ ア　shirt（シャツ）　イ　skirt（スカート）

アドバイス
4 絵は，（例）「地図」，①「半ズボン」，②「コート」，③「ズボン」，④「シャツ」です。

（26）身につけるもの　　　59~60ページ

3 ① ウ　② ア　③ エ　④ イ

---

4 ① h　② o　③ s　④ w　⑤ t
　⑥ c　⑦ p

5 ① bag　② shoes　③ hat

CDで読まれた単語
3 ① watch（うで時計）　② socks（くつ下）
　③ cap（[ふちのない] ぼうし）　④ bag（かばん，ふくろ）

アドバイス
5 絵は，①「かばん」，②「くつ」，③「（ふちのある）ぼうし」です。

（27）動作を表す語（動詞）　　　61~62ページ

3 ① ウ　② エ　③ イ　④ ア

4 ① s　② i　③ u　④ g　⑤ a
　⑥ y

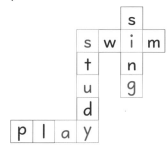

5 ① cook　② clean　③ study

CDで読まれた単語
3 ① clean（そうじする）　② sing（歌う）
　③ play（[楽器を] 演奏する，[スポーツを] する）
　④ swim（泳ぐ）

アドバイス
5 絵はそれぞれ，①「料理する」，②「そうじする」，③「勉強する」という動作を表しています。

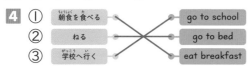

28 一日の行動 63~64ページ

3 ① イ ② ア ③ ア

4 ①
朝食を食べる ──┐ ┌── go to school
② ねる ──┼─┼── go to bed
③ 学校へ行く ──┘ └── eat breakfast

5 ① watch TV ② get up

6 go

♪ **CD** で読まれた単語

3 ① ア go to school（学校へ行く） イ go to bed（ねる） ② ア eat breakfast（朝食を食べる） イ watch TV（テレビを見る） ③ ア get up（起きる） イ go to bed（ねる）

⚠ アドバイス

5 絵はそれぞれ，①「テレビを見る」，②「起きる」という行動を表しています。

6 Iは「私は」という意味です。このIは，いつでも大文字で書きます。また，「バスで」のように交通手段を言うときは，byを使って，〈by＋乗り物〉のように表します。

29 様子を表す語（形容詞） 65~66ページ

3 ① イ ② ア ③ ア

4 ① sad ② long ③ small ④ big

b	a	g	f	e	c	v
o	l	j	s	t	i	n
w	s	m	a	l	l	q
d	v	z	d	a	o	b
x	y	h	u	k	f	i
t	b	m	l	o	n	g

5 ① happy ② big ③ short

♪ **CD** で読まれた単語

3 ① short（短い） ② happy（楽しい，幸せな） ③ small（小さい）

⚠ アドバイス

5 ① sad（悲しい）の反対の意味の語は，happy（楽しい，幸せな）です。② small（小さい）の反対は，big（大きい）です。③ long（長い）の反対は，short（短い）です。

30 国 67~68ページ

3 ① イ ② エ ③ ア ④ ウ

4 ① C ② r ③ e ④ i ⑤ a ⑥ J ⑦ a

5 ① France ② Brazil ③ Canada

♪ **CD** で読まれた単語

3 ① Japan（日本） ② Australia（オーストラリア） ③ China（中国） ④ America（アメリカ）

⚠ アドバイス

4 ①⑥国の名前は，最初の1文字を大文字にします。

5 国の名前なので，最初の1文字を大文字にすることに注意しましょう。

まとめテスト⑤ 69~70ページ

1 ① イ ② ウ ③ ア

2 ① イ ② イ ③ ア ④ イ

3 ① America ② watch
③ T-shirt

4 ① eat breakfast ② go to bed

5

　　　h a t
① c l e a n
②　　　p a n t s
③　J a p a n
④ p l a y

⑤ happy

6 ① big ② small
③ study ④ China

CD で読まれた単語

1 ①【動作を表す語】ア sing（歌う）イ shirt
（シャツ）ウ swim（泳ぐ）
②【身につけるもの】ア cap（[ふちのない] ぼう
し）イ bag（かばん, ふくろ）ウ big（大きい）
③【国の名前】ア coat（コート）イ Korea
（韓国, 朝鮮）ウ Brazil（ブラジル）

2 ① ア short（短い）イ skirt（スカート）
② ア hat（[ふちのある] ぼうし）イ sad（悲
しい）③ ア shoes（くつ）イ shorts（半ズ
ボン）④ ア go to school（学校に行く）
イ watch TV（テレビを見る）

3 ① America（アメリカ）② watch（うで時計）
③ T-shirt（Tシャツ）

アドバイス

1 ①動作を表す語（動詞）はアとウで,
イは服です。②身につけるものはアと
イで, ウは様子を表す語（形容詞）で
す。③国の名前はイとウで, アは服で
す。

4 ①「朝食を食べる」, ②「ねる」とい
う行動を表しています。①は eat の代
わりに, have を使うこともあります。

---

5 □にできた単語は happy（楽しい,
幸せな）です。

6 ④最初の1文字を大文字にします。

31 色 71~72ページ

3 ① blue ② green ③ brown

4 ①

②
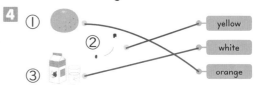
③

yellow
white
orange

5 ① pink ② green
③ black ④ white

h	b	r	a	w	m	q	w
b	l	e	f	h	v	h	j
a	a	t	p	i	n	k	g
g	c	i	o	t	p	c	b
t	k	g	r	e	e	n	a

6 ① red ② blue

CD で読まれた単語

3 ① blue（青）② green（緑）
③ brown（茶色）

アドバイス

3 ① black は「黒」, ② orange は「オレ
ンジ色」, ③ pink は「ピンク」です。

4 ①「オレンジ」と関連する色は orange
（オレンジ色）, ②「バナナ」と関連する
色は yellow（黄色）, ③「牛乳」と関連
する色は white（白）です。

32 数 73~74ページ

3 ① 4 ② 2 ③ 6 ④ 1

4 ① three ② eight
③ ten ④ seven

5 ① one ② nine ③ four

3 ① four (4) ② two (2) ③ six (6)
④ one (1)

アドバイス

3 ①「5」は five, ②「10」は ten, ③
「9」は nine, ④「3」は three です。
5 バナナの数はそれぞれ, ①「1本」,
②「9本」, ③「4本」です。

33 曜日 75~76ページ

3 ① Sunday ② Tuesday
③ Wednesday
4 ① Monday ② Wednesday
③ Friday
5 ① day ② week ③ Saturday

CD で読まれた単語

3 ① Sunday（日曜日） ② Tuesday（火曜日）
③ Wednesday（水曜日）

アドバイス

3 ① Saturday は「土曜日」,② Thursday
は「木曜日」, ③ Monday は「月曜日」
です。
5 ③曜日は大文字で書き始めることに
注意しましょう。

34 月① 77~78ページ

3 ① 2月 ② 7月 ③ 4月
④ 8月
4 ① M ② a ③ n ④ u ⑤ y
⑥ S ⑦ p ⑧ e ⑨ e

				M	
		J		a	
J	a	n	u	a	r	y
		n			
S	e	p	t	e	m	b	e	r

5 ① February ② March ③ April
④ July ⑤ August

A	p	r	i	l	F	b	r	h
S	F	e	b	r	u	a	r	y
e	r	A	l	n	b	J	x	M
p	i	i	A	u	g	u	s	t
J	d	n	e	S	e	l	q	p
M	a	r	c	h	r	y	w	n
q	y	e	J	a	n	u	e	d

CD で読まれた単語

3 ① February（2月） ② July（7月）
③ April（4月） ④ August（8月）

アドバイス

3 ①「1月」は January, ②「6月」は
June, ③「5月」は May, ④「9月」
は September です。
4 ①⑥月の名前は, 最初の1文字を大
文字にすることに注意しましょう。

35 月②・季節など 79~80ページ

3 ① December ② November
③ October
4 ① s ② i ③ g ④ m ⑤ t
⑥ h ⑦ r

s	u	m	m	e	r
p		o			
r		n			
w	i	n	t	e	r
n		h			
g					

5 ① fall ② year ③ November

CD で読まれた単語

3 ① December（12月） ② November（11
月） ③ October（10月）

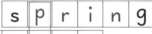

❶アドバイス

5 ①「秋」は, autumn [オータム] とも言います。③月の名前は, 最初の1文字を大文字にすることに注意しましょう。

41 まとめテスト⑥　81~82ページ

1 ① イ　② ア　③ ウ

2 ① ウ→ア→イ　② イ→ア→ウ
　③ イ→ウ→ア

3 ① September　② brown
　③ summer

4 ① Monday　② Wednesday
　③ Saturday

5 ①

s	p	r	i	n	g

②

w	h	i	t	e

③

m	o	n	t	h

④

w	e	e	k

⑤ pink

6 ① orange　② three　③ April

CD で読まれた単語

1 ①【曜日】ア Sunday（日曜日）イ spring
（春）ウ Saturday（土曜日）

②【色】ア eight（8）イ yellow（黄色）
ウ white（白）

③【月】ア May（5月）イ June（6月）
ウ Friday（金曜日）

2 ① August（8月）→ January（1月）→
December（12月）

② two（2）→ nine（9）→ five（5）

③ black（黒）→ blue（青）→ green（緑）

3 ① September（9月）② brown（茶色）
③ summer（夏）

❶アドバイス

1 ①曜日はアとウで, イは季節です。②色はイとウで, アは数です。③月はアとイで, ウは曜日です。

3 ① December は「12月」, ② black は「黒」, ③ seven は「7」です。

5 ▢ にでできた単語は pink（ピンク）です。

6 ③月の名前は, 最初の1文字を大文字にします。